Eifeler
BÖSE-NACHT-GESCHICHTEN

Hans-Peter Pracht

Eifelbildverlag

INHALT

SPUK, ERSCHEINUNGEN, UNERKLÄRLICHES

DER GEIST IM DENNEWALDHAUS ZU VIANDEN

Es war vor langen, langen Zeiten, da lebte in Vianden die Familie Dennewald. Aber in ihrem Haus ging es schon lange nicht mehr geheuer zu. Am Abend erschien dort immer zur gleichen Zeit ein Geist, trat an die Wiege des Kindes und bewegte diese so lange hin und her, bis es tot war. Bei dem zweiten Kind war es ebenso, und niemand konnte gegen diesen Geist etwas unternehmen.

So geschah es, dass alle elf Kinder der Familie nicht älter als ein Jahr wurden und alle nebeneinander auf dem Friedhof begraben wurden.

»Warum kann uns denn keiner helfen?«, klagte immer wieder die Mutter. »Ich hätte doch so gerne unsere Kinder großgezogen!«

»Ich glaube fast, es soll nicht so sein!«, erwiderte ihr Mann. »Wir sollen vielleicht keine Erben haben, die das hier alles übernehmen und weiterführen. Unser Name wird aussterben. Wir müssen uns dem Schicksal fügen!«

Eines Tages hörte ein Pater aus dem Kloster zu Vianden von dem Unheil, das auf der Familie lastete. Er ging zu dem Haus, in dem sich die unheimlichen Dinge zutrugen.

»Ich habe gehört, dass euch schon elf Kinder genommen wurden durch einen Spuk, der nicht abzuwenden ist!«, sagte er, als er in das Haus trat.

»Ja, Pater, schon elf Kinder wurden in ihrer Wiege totgewiegt, und niemand weiß einen Rat!«, antwortete Vater Dennewald.

»Ihr seid gläubige Menschen, ich werde euch helfen. Den Geist werde ich aus eurem Haus verbannen, damit Frieden und Freude wieder Einzug halten können!«

»Das wäre unser größter Wunsch, Pater!«, sagte die Frau. »Aber wie wollt Ihr das vollbringen?«

»Lass mich nur machen, habt Vertrauen, dann wird alles gut!«

Dann verließ der Pater das Haus und ging zurück in das Kloster.

Einige Tage später ließen die Klosterherren einen Fuhrmann aus Obersgegen, es war der »scheele Jakob«, mit seinem vierspännigen Wagen zum Kloster kommen.

»Jakob, da seid Ihr ja!«, rief der Pater, als er aus der Pforte trat. »Dann können wir ja losfahren!« Der Pater war in einen großen, fast zu großen Mantel gehüllt.

»Wo soll es denn hingehen, Herr?«, fragte Jakob.

»Fahr zu, und halte vor dem Dennewaldhaus!«, befahl der Pater, während er den Wagen bestieg. »Dort wartest du auf mich, bis ich wieder herauskomme. Ganz gleich, wie lange es dauert, du wartest! Hast du das verstanden?«

»Ich mache das, was Ihr befehlt, Pater!«, murmelte Jakob.

Am Dennewaldhaus angekommen, sprang der Pater flink vom Wagen, dass sein Mantel nur so flatterte, und lief auf die Haustür zu. Dabei drehte er sich noch einmal um und rief mit erhobenem Zeigefinger dem Jakob zu: »Du weißt Bescheid!« und verschwand dann im Haus.

Jakob schüttelte den Kopf und dachte: »Alle tun so, als sei ich dumm, erklären mir alles dreimal. Ich weiß schon, was ich zu tun habe.«

Es verging einige Zeit, bis der Pater wieder aus dem Haus heraustrat. Ohne ein Wort zu sagen, stieg er auf den Wagen und setzte sich. »Fahr jetzt zur Diefendell!«, befahl er kurz.

Jakob blickte ihn fragend und gleichzeitig erstaunt an, denn er hatte eine größere Ladung erwartet. »Herr, ich habe vierfach angespannt, kann also eine beträchtliche Ladung transportieren; aber Ihr habt nichts mitgebracht. Fahren wir noch woandershin, um Ladung aufzunehmen?«

»Bauer Jakob, fahrt nur zu!«, erwiderte der Pater. »Ihr werdet schon sehen, dass wir genug geladen haben, noch bevor wir das Ziel erreicht haben. Eure vier Pferde werden schwer daran schleppen müssen!«

»Jetzt versteh' ich wirklich nichts«, dachte Jakob. »Dreimal erklären wäre jetzt doch vielleicht besser.« Er ließ die Zügel nach, und der Wagen rollte unter mächtigem Knarren und Quietschen an. Er fuhr bis in die Diefendell und bemerkte dort, dass seine Pferde am Ende ihrer Kräfte angelangt waren. Sie waren triefnass, hielten ohne Befehl des Fuhrmanns an und gingen keinen Schritt mehr weiter.

»Ihr hattet Recht, Pater. Nicht einmal vier Pferde schaffen es, uns zu ziehen. So sagt mir doch, was wir geladen haben!«

Der Pater zweifelte daran, dass der Bauer Jakob stark genug sei, den Anblick des Geistes zu ertragen und sagte: »Fahrt weiter, es ist für Euch nicht so wichtig. Andere werden aber ihren Nutzen daraus ziehen können!«

»Ich muss es aber wissen, Herr! Seht doch, wie meine Pferde leiden. Ich habe ein Recht darauf zu wissen, welche Art von Ladung ich befördere!«

»Nun gut!« Der Pater gab sich geschlagen. »Ihr müsst aber sehr standhaft sein, denn nicht jeder kann den Anblick ertragen!« Mit diesen Worten schlug er den großen Mantel zurück, und zum Vorschein kamen nichts als Feuer und Flammen.

Der Bauer erschrak und hielt sich Hände und Arme schützend vor seine weit aufgerissenen Augen. »Schnell, schlagt den Mantel wieder zu!«, rief er. »Es ist ja nicht auszuhalten!«

»Ich hatte Euch gewarnt, doch Ihr wolltet nicht auf mich hören!«, antwortete der Pater. Er schlug den Mantel wieder zu, und der Spuk hatte im gleichen Moment ein Ende.

Mit letzter Kraft zogen die Pferde die Last noch einige Meter weiter. Dann sprang der Pater vom Wagen und verschwand seitlich im Unterholz, wo er den Geist bannte.

Noch immer zitterten dem Bauern die Knie, als er nach Hause fuhr. All seine Gedanken gingen um das, was er eben gesehen hatte. Daheim angekommen, begab er sich sogleich in seine Schlafkammer, in der Hoffnung, sich von dem Schrecken erholen zu können. Aber es wollte ihm nicht gelingen. Er wurde zusehends hinfällig und seine Kräfte schwanden. Schon nach drei Tagen hörte man die Totenglocke, die seiner gedachte. Zu groß war der Schreck gewesen, und schon zu alt war der Bauer, um ihn zu verkraften.

Doch die Eheleute Dennewald bekamen bald schon einen Sohn, dem nichts mehr geschah. Dafür soll es heute noch in der Diefendell spuken.

DIE GEISTERMÖNCHE

Vor langen Zeiten, als die Eifel wieder einmal von den bösen Mächten des Krieges heimgesucht wurde, gab es zwischen Gemünd und Einruhr ein altes Kloster mit frommen Mönchen, die in Arbeit und Gebet ihren Teil zum Seelenheil der Menschheit beizutragen versuchten.

Eines Nachts gelangten die plündernden Mörderhorden auch zu den verschlossenen Klostermauern. Schon Tage zuvor hatten sie die ganze Gegend unsicher gemacht, hatten geraubt, getötet, geplündert und Angst und Schrecken verbreitet.

Die Mönche hatten sich alle in der Klosterkirche versammelt, um gemeinsam mit ihrem Vater Abt die Psalmen zu singen und um Schutz und Hilfe zu bitten, als die Klosterpforte gewaltsam geöffnet wurde. Voller Furcht hielten die Mönche inne und hörten, wie die wilden Stimmen immer näher kamen und schließlich in das Gotteshaus eindrangen. Die andächtige Ruhe wurde nun von Gegröle, Waffenlärm und dem Bersten der Bänke unterbrochen. Die Eindringlinge kannten in ihrer Gier nach Beute kein Erbarmen. Alle Mönche wurden in dieser grausamen Nacht getötet.

Schnell sprach es sich herum, was sich im Kloster zugetragen hatte. Doch es vergingen einige Tage, bis sich die Bewohner des nahegelegenen Ortes dorthin wagten. Es bot sich allen ein Bild des Grauens. Alle Mönche waren tot und lagen verbrannt und gezeichnet von zahlreichen Wunden zwischen den Trümmern. Von dem einst so prächtigen Kloster standen nur noch die vom Feuer geschwärzten Außenmauern.

Die gemeuchelten Mönche wurden dort begraben, wo sie gelebt und ihr Leben gelassen hatten.

Alljährlich soll nun in der Nacht des Unheils hier ein dumpfer, furchterregender Gesang zu vernehmen sein. Dann erheben sich die Skelette der Mönche in ihren Kutten, die Kapuzen tief über die Totenschädel gezogen, aus ihren modrigen Grüften und begehen in einem gespenstischen Zug die Stelle des Schreckens.

DER SPUK IM KORNFELD

Eine für Mensch und Tier fast unerträgliche Sommerhitze lag über dem Land. Die Luft flimmerte, kein Lüftchen regte sich. Wer nicht unbedingt draußen einer Arbeit nachgehen musste, hatte sich in den schützenden Schatten zurückgezogen.

Es waren unruhige Zeiten. Wieder einmal hatten fremde Kriegshorden das Land heimgesucht und alles in Schutt und Asche gelegt. Das kleine Dorf hatte einst aus zwölf prächtigen Höfen bestanden, jetzt waren nur noch rauchgeschwärzte Ruinen übriggeblieben. Nur ganz am Ende, hinten am Waldrand, war eine armselige Hütte unversehrt geblieben. Keiner wusste, warum gerade diese von den Mordbrennern verschont worden war. Vielleicht hatten sie sie übersehen, oder sie war ihnen zu wertlos vorgekommen.

Aus dem Schornstein quälte sich an diesem Mittag eine kleine Rauchsäule in die Hitze hinaus. Die Tür stand offen, und über dem knisternden Feuer hing ein Topf, in dem ein Haferbrei brodelte. Mitten in der Stube stand eine Wiege mit einem kleinen Kind darin. Ein schläfriger Großvater hielt sie mit einem Fuß ständig in Bewegung; auch wenn es manchmal den Anschein hatte, dass er eingeschlafen war.

Das Bild strahlte Ruhe und Frieden aus, bis plötzlich das gleichmäßige Klirren von Sporen und die kräftigen Schritte von zwei Männerstiefeln die Stille unterbrachen. Der Großvater war mit einem Male hellwach, als ein zerzauster und struppiger Kerl in zerrissener Uniform in der Stube stand. Aus seinem zernarbten Gesicht blitzten hinterlistige Augen, die nichts Gutes erahnen ließen.

»Glotz nicht so dumm daher, Alter, wenn ein vom Kampf gezeichneter Landsknecht vor dir steht!«, schrie er den alten Mann an und schlug ihm mit einem heftigen Hieb die Kappe vom Kopf. »Steh auf und schaff Essen und Trinken herbei, ich habe Hunger und Durst!«

»Aber ich habe nichts. Das Kriegsvolk hat alles mitgenommen, was ich noch hatte. Ich muss mit dem auskommen, was drüben über dem Feuer brodelt!« Der Großvater wies mit dem Finger auf den Kessel mit dem Brei.

»Verlogenes, faules Bauernpack!«, schrie der Landsknecht und ging zum Kessel über dem Feuer und blickte missmutig hinein. Dann nahm er einen Holzlöffel und probierte den Inhalt.

»Pfui Teufel!«, fluchte er laut und spie aus. »Was hast du denn da für einen Schweinefraß. So etwas kann doch niemand essen. Davon bekommt man ja die gelbe Farbe im Gesicht!«

Der Großvater, der nicht wußte, wie es weitergehen sollte, hatte sich wieder auf den Schemel gesetzt und wollte die Wiege, die zum Stillstand gekommen war, bewegen. Das Kind war wegen des lauten Geschreies wach geworden. Da machte der Eindringling, wütend wegen seines Misserfolges, einen großen Schritt und trat mit seinen derben Stiefeln gegen die Wiege, dass diese laut polternd umkippte und das Kind herausfiel. Es begann sofort kläglich zu schreien und zu weinen. Der Großvater wollte es aufnehmen, um es zu trösten. Aber der Rohling trat dazwischen und er fasste den alten Mann am Hals, dass dieser kaum noch Luft bekam.

»Lass den Bengel liegen, dafür ist keine Zeit. Schaff etwas herbei oder ich ...!« Er vollendete seinen Satz nicht, denn in diesem Moment kam ihm ein anderer Gedanke: Wo ein kleines Kind war, musste auch eine junge Frau sein!

Er griff jetzt noch fester zu und würgte den alten Mann, dass dem fast die Sinne schwanden. »Wo ist die Mutter von dem Kind? Sag es, oder es wird dir schlecht ergehen!« Bei diesen Worten erhob er die andere zur Faust geballte Hand.

Der Großvater brachte kein Wort heraus. Er war wie gelähmt vor Angst um seine Tochter und das Enkelkind. Um sich selbst aber nicht. Er hatte sein Leben gelebt, nur die anderen sollten verschont bleiben. Er wußte genau, was der ungepflegte und stinkende Kerl beabsichtigte, wenn er erst einmal seine Tochter gefunden hatte.

Der Griff um den Hals des hilflosen Mannes wurde fester, und ein heftiger Schlag auf den Kopf machte unmissverständlich klar, dass der Landsknecht vor nichts zurückschrecken würde.

Mit letzter Kraft und nach Luft ringend, wies der alte Mann jetzt zaghaft mit zitternder Hand aus dem Fenster.

»Dort draußen auf dem Kornfeld! Aber bitte, tut ihr nichts!«, flehte er mit leiser Stimme. »Denkt an das Kind!«

Ein hämisches Grinsen überzog nun das Gesicht des Kriegers. So schnell, wie er erschienen war, war er auch wieder zur Tür hinaus und in die Richtung verschwunden, in der das Kornfeld lag. Bald schon waren die Geräusche seiner Stiefel nicht mehr zu hören.

Zwischen den Ähren erblickte der Bösewicht bald ein weißes Kopftuch. Er näherte sich geräuschlos in geduckter Haltung der jungen Frau, die mit einer Sichel das goldgelbe Korn schnitt und zu gleichmäßigen Garben zusammenband.

»Guten Tag, schönes Kind! So fleißig bei der Arbeit. Komm doch her, und ruh dich aus! Setz dich zu mir, ich erzähle dir etwas!« Die junge Frau aber hatte sich so erschrocken, dass sie kein Wort herausbrachte.

Angstschweiß perlte von ihrer Stirn, denn sie wusste ganz genau, was der Mann jetzt gleich von ihr verlangen würde.

Und der ergriff sie nun, um sie sich zu Willen zu machen; denn lange war es schon her, dass er sich einer Frau genähert hatte.

In diesem schrecklichen Moment aber stand plötzlich wie aus dem Boden gewachsen eine riesenhafte Frauengestalt mit dem Kopf einer warzenbehafteten Kröte vor ihm. Es war ein erschreckender Anblick. Nur ihre Augen waren schön und besaßen menschliche Züge. Sie leuchteten und funkelten wie Edelsteine in der Sonne. Während sie den erstarrten Bösewicht beobachteten, erhob sich eine weit gespreizte Krötenpranke empor und wollte auf ihn einschlagen. In diesem Moment aber ließ der Landsknecht von seinem Opfer ab; seine Augen bekamen einen starren Blick, und er fiel, wie von einem Blitz getroffen, tot zu Boden.

Die Roggenmuhme, die gewöhnlich in den Mittagsstunden in Erscheinung trat, hatte allein durch ihr Erscheinen die junge Frau vor körperlichem und seelischem Schaden bewahrt.

DIE WEISSE FRAU IM TRINTINGER TAL

Es war in den zwanziger Jahren des 19. Jahrhunderts. Zu dieser Zeit konnten nächtliche Wanderer sehr häufig unterhalb von Roedt eine Frau sehen, die dort in den Hecken saß.

So beobachteten es auch vier Männer aus Roedt, die mit ihrem Gespann abends um neun Uhr von Reinig kamen. Als sie in die Holbecht kamen – so wurde dieser Bereich genannt – bemerkten sie die Frau. Da sie nicht auf dem Wagen, sondern auf den Pferden saßen, und der Weg sehr schmal war, mussten sie ihre Beine hoch anziehen, um die Frau nicht zu berühren, so nahe war sie.

Die Männer blickten sich nur an und sagten zueinander kein Wort. Auch die Frau, die ganz in weiß gekleidet war, wagte keiner anzusprechen. An einem anderen Abend kam dort ein Schmied zwischen acht und neun Uhr vorbei. Er trug einige schwere Werkzeuge über der Schulter. Ihm war schon vor längerer Zeit zu Ohren gekommen, dass an der Holbecht ein Geist umgehen sollte. Und auch die Erlebnisse, die in den Wirtshäusern erzählt wurden, waren ihm geläufig. Doch wollte er selbst nicht so recht daran glauben.

Der Schmied ging gemächlich seinen Weg und blieb dann in der Dunkelheit an einem quer über den Weg stehenden Ast hängen, so dass er strauchelte und mit seinem Gesicht in ein Gebüsch fiel. Erst wollte er derb fluchen, doch als er die Augen öffnete, erblickte er die Weiße Frau, die im Gebüsch ganz dicht vor ihm saß. Er erschrak so sehr, dass er seinen Hut und das Werkzeug liegenließ und so schnell er nur konnte die Flucht ergriff. Erst am anderen Morgen wagte er es, vorsichtig zu der Stelle zurückzugehen. Dort fand er seinen Hut und das Werkzeug. Von der Frau jedoch gab es keine Spur mehr.

DER VERGRABENE SCHATZ

In den zwanziger Jahren des 19. Jahrhunderts lebte in Luxemburg ein Gastwirt, der nebenbei auch noch ein Fuhrunternehmen betrieb. In seinem Haus war es nicht ganz geheuer, so dass er und seine Familie so manches unheimliche Ereignis im Laufe der Zeit erleben mussten.

So soll es wiederholt vorgekommen sein, dass das Kleinkind plötzlich aus der Wiege verschwunden war. Man suchte überall im Haus und den Anbauten und fand es zuletzt in der Dachrinne. Beim nächsten Mal wusste man sofort, wo man zu suchen hatte.

Als die älteste Tochter des Wirtes gestorben war, wurde sie, so war es damals üblich, einige Tage im Haus aufgebahrt. Allabendlich kamen Freunde und Verwandte zum Gebet zusammen und nahmen so Abschied von der Verblichenen.

Eines Abends, man hatte sich zum dritten Mal versammelt, begannen die Wachskerzen neben dem geöffneten Sarg ganz wild zu flackern und zu flimmern, obwohl Fenster und Tür der Stube verschlossen waren und Durchzug nicht entstehen konnte. Da sahen die Anwesenden über der Leiche die Gestalt eines großen Vogels. Er hatte die Ähnlichkeit eines Adlers und kreiste über dem Haupt der Toten. Als ein starker Flügelschlag die Kerzen zum Erlöschen brachte und völlige Dunkelheit in dem Raum eingekehrt war, war auch mit einem Male diese Erscheinung wieder verschwunden.

Nicht nur der Hausherr mit seiner Familie, sondern auch das Gesinde, das im Haus arbeitete und schlief, wurde des Häufigeren von dem Spuk heimgesucht. So wurde der Knecht, der in seinem Zimmer neben den Ställen schlief, regelmäßig in der Nacht von einem kleinen bärtigen, koboldartigen Männlein aus dem Bett gehoben. Der Knecht wachte morgens vollkommen müde und matt auf einem Strohsack in der Ecke des Zimmers auf.

Nach und nach verkümmerte alles in Haus und Hof, weil sich alle zu sehr mit dem Spuk beschäftigten oder durch ihn in Mitleidenschaft gezogen wurden. Der Wirt überlegte, wie er dem Treiben ein Ende machen konnte, um wieder die Ordnung herzustellen. Er ging zu einem Pater, den er um Rat und Hilfe bat.

Der Pater Gabriel ging mit dem Wirt in dessen Haus und verlangte, in der folgenden Nacht im Bett des Knechtes zu schlafen. Man war damit einverstanden. »Wenn es nur hilft«, sagte der Wirt, »dann .sollt Ihr alles machen, was erforderlich ist!«

Die Nacht verging, und alle waren gespannt darauf zu erfahren, wie der Pater den Spuk bannen würde. Am nächsten Morgen betrat er die Wohnstube, in der sich schon alle versammelt hatten. Da bemerkten sie mit Entsetzen, dass der Pater über Nacht ein alter Mann geworden war. Seine am Vorabend noch pechschwarzen Haare waren jetzt schneeweiß. Das Gesicht war faltig und eingefallen.

»Pater, was ist geschehen? Was habt Ihr in der Nacht erreicht? Wie ist es Euch ergangen?«, fragte der Wirt.

»Aber wie seht Ihr denn aus?«, rief die Frau erschrocken, als sie den Pater erblickte.

»Jetzt ist alles gut!«, antwortete der Pater nur, ohne auf seine nächtlichen Erlebnisse weiter einzugehen.

»Sorgt nur dafür, dass die Trauerweide, die im Hof steht, recht bald gefällt wird. Unter diesem Baum befindet sich ein Schatz. Vergesst auch nicht, zukünftig den Handwerksleuten genügend Arbeit zu geben, damit die auch etwas verdienen können!«, sagte der Pater.

Ob jemals ein Schatz an der beschriebenen Stelle gefunden wurde oder ob überhaupt danach gegraben wurde, ist nicht bekannt. Überliefert ist aber, dass von diesem Zeitpunkt an jedes Jahr Handwerker vom Wirt gerufen wurden, um Reparaturarbeiten am Haus vorzunehmen. Und weil die Bedingungen, die der Pater gestellt hatte, eingehalten wurden, konnte der Spuk gebannt werden.

DER SPUK VOM FRIEDHOF

In Kelberg, in der Nähe des Friedhofs, ging es schon seit langer Zeit nicht ganz geheuer zu. Immer wieder war dort ein erbärmliches Stöhnen und Jammern und erschütterndes Heulen zu hören, dass ausnahmslos allen, die dort vorbeikamen, eine Gänsehaut vom Nacken bis zu den Waden wuchs. Jeder spürte irgendwie eine kalte Hand im Nacken. Manche waren sogar in der Lage, das schaurige Erlebnis so anschaulich wiederzugeben, dass es selbst den Zuhörer gruselte und dieser bat, die Schilderung zu beenden.

Nicht weit von diesem Ort hatten die Kelberger ihre Bleiche. Im Frühling wurden dort Laken, Tischdecken und Leinen auf der großen Wiese ausgebreitet, damit gleich am nächsten Morgen die ersten Sonnenstrahlen ausgenutzt werden konnten. Man tat dies immer schon abends. Vielfach war es in der Vergangenheit aber vorgekommen, dass Diebesgesindel und unredliches fahrendes Volk bei Dunkelheit sich anschlich, um die besten Stücke zu entwenden; einerseits für den eigenen Gebrauch, andererseits, um sie wieder zu verkaufen. Mancher konnte mit Erstaunen feststellen, dass er eigene Wäsche, die ihm abhanden gekommen war, wiedererkannte, wenn sie ihm zum Verkauf angeboten wurde.

Um größere Schäden und Verluste zu vermeiden, wurden zu diesen Zeiten abwechselnd Wachen aufgestellt. Eines Tages waren es zwei Jungen aus Kelberg und ein Knecht aus Bodenbach, der bei einem Kelberger Bauern diente. Der Knecht war noch nicht lange in dieser Gegend, so dass ihm von dem Spuk noch nichts zu Ohren gekommen war. Die beiden Kelberger Jungen waren aber vertraut damit und wussten genau Bescheid, was um Mitternacht hier regelmäßig geschah.

»Den Knecht werde ich das Fürchten lehren!«, sagte einer der beiden.

»Ja, so einfach soll er es nicht haben, sich etwas Kleingeld zu verdienen!«, bekräftigte der andere und grinste über das ganze Gesicht.

Die Kirchturmuhr schlug elfmal. Es war eine Stunde vor Mitternacht. Stockfinster war es, und ein leichter Wind säuselte über die Friedhofsbäume. Die drei sprachen nicht viel, hockten nur auf dem Gras und beobachteten die ausgelegten Wäschestücke.

»Du, Hannes!«, sagte der eine dann, »ich glaube die Nacht wird noch kühler. Es ist jetzt schon recht frisch, und wir haben die Hälfte noch nicht hinter uns gebracht!«

»Du meinst doch bestimmt, wir sollten etwas zum Wärmen haben, oder?«

Das war das Stichwort, das die beiden zuvor verabredet hatten, und der erste Junge führte fort: »Ja, du hast recht. Eine Flasche Schnaps könnte uns nicht schaden. Die wärmt von innen und macht auch noch lustig!«

Der Knecht ahnte nichts Böses; im Gegenteil, er ging davon aus, dass die beiden Kelberger Jungen ihm freundschaftlich verbunden waren.

»Du bleibst hier, bis wir zurückkommen! Wir holen Schnaps. Du wirst uns derweil vertreten. Halte aber die Augen auf, und achte darauf, dass der Wäsche nichts geschieht. Denke daran, dafür sind wir hier draußen und das nicht ohne Grund!«, befahl der eine.

»Und schlaf nicht ein!«, ergänzte der andere. »Wenn etwas abhanden kommt, dann trifft es uns alle, denke daran!«

»Verlasst euch auf mich. Ich passe genau auf. Aber kommt bald wieder. Nicht, dass ich vielleicht Angst hätte, aber in Gesellschaft ist es doch angenehmer!«, erwiderte der Knecht.

»Ja, ja, wir verlassen uns auf dich!«, antwortete der eine, der Hannes genannt wurde, und ein schadenfreudiger Ton war dabei nicht zu überhören.

»Und Gesellschaft sollst du auch bald bekommen«, dachte der andere. Dann verließen die Kelberger Jungen den Bleichplatz und verschwanden bald im Dunkel der Nacht, ohne sich noch einmal umzusehen.

Der Knecht blieb allein zurück in der Finsternis. Nicht einmal der Mond wollte sich heute zeigen. Die einzigen hellen Stellen um ihn herum waren die ausgelegten Wäschestücke, die der Knecht nicht aus den Augen ließ.

Unterdessen liefen die Jungen zurück nach Kelberg in den Ort hinein. »Ich bin froh, dass wir von dort weg sind!«, sagte der eine nach kurzer Zeit.

»Glaubst du, ich nicht?«, sagte der andere. »Ich habe den Spuk im letzten Jahr miterlebt. Es war so grausam, es hat mir fast die Haut ausgezogen: das Heulen, das Schreien und das erbärmliche, markerschütternde Wehklagen. Es war einfach unbeschreiblich grausam. Ich bin froh, dass wir weit weg sind!«

Der Knecht harrte unterdessen unwissend und nichts Böses ahnend und erbärmlich frierend aus. Es wurde später und Mitternacht kam immer näher. Immer wieder blickte er sich um, hier und da knackte ein Ast im Gebüsch, wenn irgendwelche Tiere unterwegs waren. Aber der Knecht ließ sich nicht beirren. Er blickte links, blickte rechts, kein einziger Wäschedieb war zu sehen.

Dann ertönte die Kirchturmglocke in Kelberg. Der Knecht zählte leise mit: »... acht ... neun ... zehn ... elf ... zwölf. Mitternacht!«

Kaum hatte er dieses Wort ausgesprochen, hörte er einen lauten Schrei hinter sich. Er drehte sich um, sah aber nichts. Es folgte jetzt ein grauenvolles Heulen aus der anderen Richtung, dann gab es wieder mehrere Schreie vom Friedhof.

Der Knecht glaubte zuerst, die beiden anderen seien mit dem Schnaps zurückgekehrt. »Die haben bestimmt unterwegs schon einen genommen und wollen mich jetzt in Furcht versetzen«, dachte er. »Los, kommt raus, ich will auch einen Schnaps, ich friere!«, rief er.

Doch die beiden anderen tauchten nicht auf, auch nicht, als er ihre Namen in die Nacht hinausrief. Stattdessen verstärkte sich das Heulen immer mehr, und ein leichter Wind kam jetzt vom Friedhof her. Die Bleichwäsche hob und senkte sich, als würden Gestalten über die Wiese schweben. Dem Knecht wurde es mit einem Male unheimlich bei diesem Anblick und bei den höllischen Tönen.

»Träum' ich oder bin ich wach?«, rief er. »Wenn ich träume, will ich aufwachen, schnell aufwachen. Ich halte es nicht länger aus!«

Noch eine unendlich lange Zeit, so empfand es der Knecht, tobte der Spuk vom Kirchhof, so als hätten sich alle Pforten der Hölle geöffnet.

Um ein Uhr kehrten die Kelberger Jungen zurück. Die Schnapsflasche war bereits halb geleert, und beide waren so lustig und guter Dinge wie nie zuvor. Der Schnaps hatte seinen Teil dazu beigetragen. Aber auch der Gedanke, den Spuk nicht miterlebt zu haben, stimmte beide äußerst fröhlich.

Als sie am Bleichplatz angelangt waren, erschraken sie sehr, als sie den Knecht am Boden liegen sahen – mit starrem Blick und kein Wort herausbringend. Er zitterte am ganzen Körper, sein Gesicht war schneeweiß, und von seiner Haut perlte der Angstschweiß.

Die restliche Nacht verbrachten die drei schweigend. Am Morgen brachten die Kelberger Jungen den Knecht, der vor Schwäche und Übelkeit nicht gehen konnte, zu seinem Herrn zurück. Dieser erkannte ihn kaum wieder.

»Was habt ihr mit meinem Knecht gemacht?«, rief er. »Wie soll diese armselige Person die schwere Arbeit auf dem Hof verrichten?«

Von diesem Tag an war der Knecht nicht mehr in der Lage zu arbeiten. Er saß in seiner dunklen Dachkammer, zitterte ständig und starrte die Wände an. Der Spuk hatte ihm so zugesetzt, dass er ihn bis zu seinem Tode nicht vergessen konnte und sich nie mehr erholte.

DER KAPELLENGEIST VON FREILINGEN

Vor vielen Jahren wurde in Lommersdorf ein neuer Pfarrer in sein Amt und seine Gemeinde eingeführt, der auch Freilingen zu betreuen hatte.

In Freilingen stand eine Kapelle, in der es nicht mit rechten Dingen zugehen sollte. Denn gegen Mitternacht wurde es regelmäßig im Innern ganz hell, und ein lautes Jammern und Klagen drang nach draußen. Weil sich wegen dieser Erscheinung niemand mehr in die Kapelle wagte, schauten einige Männer eines Nachts von außen durch das Schlüsselloch der schweren Eichentür. Und siehe da, selbst durch diesen kleinen Ausschnitt war ein Priester mit einem langen weißen Bart zu erkennen. Alles hatte zudem den Anschein, als würde er gleich das Messopfer feiern. Die Kerzen auf dem Altar brannten, aber offensichtlich hielt ihn eine unsichtbare Kraft von seinem Handeln ab. Schon nach kurzer Zeit klappte der Priester das Messbuch wieder zu und ging, begleitet von einem herzzerreißenden Stöhnen und Jammern, in die Sakristei zurück. In diesem Moment wurde es wieder dunkel und ruhig in der Kapelle.

Als der neue Pfarrer diese Geschichte vernahm, wollte er sie nicht glauben. Im Gegenteil, er hielt alles für Unsinn und rege Phantasie der Leute.

»Aberglaube, alles Aberglaube, was ihr da von euch gebt!«, schimpfte er. »Aber das werde ich nicht zulassen! Denn dort, wo der Aberglaube zur Tür hereinkommt, geht der Glaube aus dem Fenster. Ich werde euch auf den rechten Weg des Glaubens zurückführen, und das schon sehr bald, damit der Unsinn ein Ende findet!«

Der nächste Sonntag war gekommen, und der Pfarrer hatte einige Mutige aus dem Ort um sich geschart. Es war eine halbe Stunde vor Mitternacht, als man den Weg zur Kapelle antrat. Die Nacht war stockfinster, nicht einmal der Mond ließ sich blicken. Er war verhangen von dichten, schnell dahintreibenden schwarzen Wolken. Es war so dunkel, dass die mitgeführten Laternen mit dem flackernden Kerzenlicht kaum ihre Aufgabe zu erfüllen vermochten.

Dann war die Schar an der Kapelle angekommen. Auch diejenigen, die auf dem Weg noch hin und wieder gesprochen hatten, waren jetzt verstummt. Jetzt schien sich die Spreu vom Weizen zu trennen, denn nur wenige Männer betraten gemeinsam mit dem Pfarrer die Kapelle. Die anderen zogen es vor, draußen zu verharren.

»Wenn wir alle hineingehen, würde das ohnehin nichts bringen. Wir bleiben draußen! Wenn Gefahr droht, dann ruft nur, wir sind ganz in der Nähe!«, versprach einer.

Derweil fiel die schwere Eichentür knarrend in das Schloss. Der Pfarrer und die mutigen Männer nahmen auf der letzten Bank Platz, ganz in der Nähe des Ausgangs. Alle schwiegen, keiner wagte ein Wort zu reden. Im tiefen Dunkel warteten sie auf die unheimlichen Ereignisse.

Die kurze Zeit bis Mitternacht schien nicht vergehen zu wollen, es war wie eine Ewigkeit. Doch dann war es endlich so weit. Die Kerzen auf dem Altar flammten auf, wie von Geisterhand entfacht. Der ganze Innenraum der Kapelle wurde mit einem Male übermäßig hell. Der Pfarrer blickte nach rechts und nach links und musste erkennen, was aus seinen mutigen Begleitern geworden war. Sie hatten beim ersten Anschein des Spukes überstürzt die Kapelle verlassen und ihn allein zurückgelassen.

»Wirklich mutige Männer«, dachte er. »Nur gut, dass ihre Frauen nicht wissen, wie sie sich verhalten! Aber morgen werden sie allen erzählen, was sie um Mitternacht ausgestanden haben.«

Aber den Pfarrer überkam jetzt auch eine große Furcht, obwohl er ein gläubiger Mann war. Der Schweiß rann ihm von der Stirn, und zu allem Überfluß musste gerade jetzt der Ruf eines Käuzchens im Dachgebälk die unheimliche Situation noch unterstreichen. Dann öffnete sich langsam die Sakristeitür, und ein greiser Priester im Messgewand mit einem langen weißen Bart betrat andächtig den Kapellenraum. Langsamen Schrittes begab er sich zum Altar, anscheinend in der Absicht, die

Heilige Messe zu lesen. Aber die Handlung konnte offensichtlich nicht vollzogen werden. Ein tiefes Seufzen und Stöhnen war jetzt vom Altarraum her zu vernehmen. Der alte Priester wandte sich um und blickte hilfesuchend in den leeren Kirchenraum, bis er den Pfarrer auf der letzten Bank im schummrigen Licht erblickte und an ihn die Frage richtete: »Kann mir denn niemand bei der Heiligen Messe dienen?«

Der Pfarrer nahm nun all seinen Mut zusammen, erhob sich langsam von der harten Bank und bewegte sich, ohne ein Wort zu sagen, auf die geisterhafte Gestalt zu, die anscheinend noch immer auf eine Antwort hoffte. Als er fast vor ihr stand, antwortete er mit einem deutlichen Zittern in seiner Stimme: »Ja, ich kann Euch helfen!«

Beide begaben sich nun zum Altar und feierten gemeinsam die Heilige Messe.

Nach dem Schlusssegen sprach der greise Priester erleichtert zu seinem Mitbruder: »Ich spreche dir meinen Dank aus, mein Freund und Bruder in Christus. Durch deine Hilfe bin ich endlich erlöst worden. So viele quälende Jahre konnte ich keine Ruhe finden!«

Nun setzten sich beide in der ersten Bank nieder, und der Greis erzählte von seinem Unglück: »Vor langer Zeit war ich Pfarrer in Lommersdorf. Immer habe ich meine Pflicht erfüllt, Gottes Wort verkündet und den Glauben gelehrt. Nur eines Sonntags bin ich einmal vom rechten Weg abgekommen. Anstatt die Heilige Messe zu lesen, bin ich lieber auf Einladung des Herzogs von Arenberg durch Felder und Wälder geritten und habe mich vergnügt. Unterdessen standen die Gläubigen von Freilingen in der Kapelle, um das Wort Gottes zu hören. Nur der es verkündigen sollte, war an diesem unglückseligen Sonntag nicht erschienen!«

Hier unterbrach der Priester seine Ausführungen und verweilte im stillen Gebet. Dann fuhr er fort: »Aber Gottes Strafe hatte mich schnell ereilt. Kurz darauf nahm er mir unerwartet mein Leben. Aber im Grab konnte ich keine Ruhe finden. Immer wieder wollte ich die versäumte Heilige Messe nachholen, doch immer fehlte mir dazu der Messdiener. Heute warst du hier und hast mich erlöst. Jetzt kann ich in Frieden ruhen. Gott möge es dir vergelten!«

Das waren die letzten Worte des greisen Priesters, die mit deutlicher Erleichterung über seine Lippen gekommen waren.

Indem die Kerzen erloschen, verschwand auch die Gestalt des erlösten Priesters. Nur das Ewige Licht mit seinem roten Schein brannte noch neben dem Altar.

Vor der Kapelle warteten noch alle Männer, die den Pfarrer begleitet hatten. Der erzählte ihnen sogleich, was sich gerade zugetragen hatte. »Ich wollte es nicht glauben, was ihr mir da berichtet habt. Aber was ich gesehen habe, werde ich nie vergessen! Heute habe ich eine Seele gerettet!«

Da nahmen alle ihre Hüte ab und dankten Gott mit lautem Gesang. Der Geist wurde seither nicht mehr gesehen.

DIE KEMPENICHER BURGGEISTER

Einst kam ein Wanderer, müde und staubig von der Straße, in die Gegend von Kempenich. Es war der Vorabend des Pfingstfestes. Die Sonne versank als roter Feuerball hinter den dunklen Eifelwäldern, und das Dunkel der Nacht kündete sich bereits im Osten an.

Der Wanderer, der fremd in dieser Gegend war, wollte eine Herberge finden, um dort zu nächtigen und am nächsten Morgen frisch und ausgeruht seine Wanderschaft fortzusetzen. Aber die Dämmerung brach herein und es dauerte nicht lange, da hatte er sich verlaufen.

»Da habe ich doch nun vollkommen die Richtung verloren!«, sagte er zu sich selbst. »Das wird dann wohl heute nichts mehr mit einer Unterkunft!«

Er irrte weiter, fand aber nicht mehr den Weg aus dem Wald. »In der Dämmerung sieht jeder Baum aus wie der andere!«, sprach er. »Bin ich eben schon hier vorbeigekommen oder nicht? Ach, wenn ihr Bäume nur reden könntet!«

Dann endlich gelangte er zu einem schmalen Weg, eigentlich war es eher ein Trampelpfad, der offensichtlich nur sehr wenig genutzt wurde. Dieser führte aus dem Wald hinaus. In nicht allzu weiter Entfernung sah er ein kleines Gebäude im schummerigen letzten Licht des Tages. Aus den umliegenden Wiesen stiegen sanft die Abendnebel empor. »Vielleicht habe ich Glück und finde doch noch eine Unterkunft«, dachte der Wanderer.

Als er näherkam, stellte er fest, dass hier auf einer Anhöhe eine einsame Kapelle stand. Von Ferne klangen die Glocken der Kirche aus dem Tal herauf, die das Pfingstfest einläuteten. Ansonsten war alles gespenstisch ruhig hier oben. Kein Vogel sang mehr. Die Baumwipfel des Waldes, den der Wanderer kurz zuvor verlassen hatte, ragten starr und steif in den Himmel. Eine geringe Bewegung zeigte nur der Abendnebel, der über die Wiesen schwebte.

Dem Wanderer war es nicht wohl in seiner Haut. Die Glocken der Kirche im Tal waren mittlerweile auch verstummt, so dass hier oben eine Totenstille eingekehrt war. Außerdem wurde es jetzt sehr kühl.

»Wo bleibe ich nur heute Nacht?«, fragte er sich. »Kein Haus weit und breit, und die Nacht wird bestimmt sehr kalt!«

Er blickte sich jetzt suchend um und entdeckte im Dunst gegenüber der Kapelle einen kleinen umzäunten Garten.

»Das trifft sich gut!«, sprach er. »Wo ein Garten ist, kann ein Haus nicht weit sein!«

Voller Hoffnung auf ein Nachtquartier näherte er sich dem Garten und entdeckte dort mit einem Male drei Gestalten. Es waren drei Mädchen in langen weißen Gewändern und Schleiern, die sich mit den Nebelschwaden zu verbinden schienen. Lautlos tanzten und spielten sie in dem Garten, so dass der Wanderer die fortgeschrittene Stunde vergaß und dem Treiben zusah.

Die Mädchen tanzten, sprangen und schwebten über Gras und Blumen, bis sie die Schleier abstreiften und das lange Haar sichtbar wurde, das wallend über ihre Schultern fiel. Dann verließen sie mit einem Male Hand in Hand den Garten und kamen langsam auf den Wanderer zugeschwebt.

Der glaubte, von ihnen entdeckt worden zu sein. Aber die drei Mädchen gingen an ihm vorüber, ohne ihn überhaupt zu bemerken. Sprachlos blickte der Wanderer ihnen nach, wie sie zur Kapelle schritten und dort Kerzen anzündeten. Danach fielen sie auf die Kniebank nieder und verharrten in andächtigem Gebet.

Der erstaunte Wanderer folgte den Mädchen. In der Kapelle flackerten unruhig die Kerzen und erfüllten den ganzen Innenraum mit einem geheimnisvollen Licht.

»Wo eine geweihte Kapelle ist«, so sagte er sich, »kann mir nicht viel geschehen!«

Er kniete neben den drei Mädchen auf dem Steinboden nieder, da auf der hölzernen Kniebank kein Platz mehr für ihn war. Er faltete die Hände, blickte zum Altar und sprach leise ein Gebet. Nach einer Zeit wagte er einen Blick nach rechts zu den Mädchen. Doch was er da bemerkte, ließ ihm das Blut in den Adern erstarren. So etwas hatte er in seinem ganzen Leben noch nicht gesehen. Die Gesichter waren schneeweiß und so starr, als seien sie aus Wachs. Die Haut war nahezu durchsichtig wie Pergament. Als die drei dem erstaunten Wanderer ihre Köpfe zuwandten, blickten ihn sechs gebrochene und ausdruckslose Augen an. Es hatte den Anschein, als würden sie durch ihn hindurchschauen.

In diesem Moment schien ein leichter Wind aufzukommen, aber es war der Hauch des Todes, der von den drei unheimlichen Gestalten ausging, so als sei soeben eine Gruft geöffnet worden.

Dann begannen sie zu singen. Dabei wurde dem Wanderer noch unheimlicher zumute. Die Stimmen klangen, als seien sie nicht von dieser Welt. Hohl und kalt war der Gesang.

Der Wanderer war entsetzt: »Ich muss hier hinaus!«, dachte er. »Das ist ja schrecklich!«

Er sprang auf und lief aus der Kapelle in die Nacht hinaus und ließ sich atemlos im feuchten Gras nieder. »Hier bin ich sicherer«, dachte er.

Es dauerte nicht lange, da hatten die drei Gestalten die Litanei beendet. Sie erhoben sich, ergriffen die brennenden Kerzen und wandelten langsamen Schrittes zurück in den Garten. Die Frühlingsnacht war jetzt klar, der Abendnebel hatte sich aufgelöst.

Unter einem blühenden Jasminstrauch standen ein Tisch und eine steinerne Bank. Eines der Mädchen holte jetzt hinter einem Gebüsch einen Korb hervor. Gemeinsam deckten sie in kurzer Zeit eine festliche Tafel. Alles das geschah vollkommen wortlos. Schließlich nahmen die Mädchen an der gedeckten Tafel Platz und begannen zu essen.

Der Wanderer, der schon seit Mittag nichts mehr zu sich genommen hatte, schaute zu, und je länger er das tat, umso größer und plagender wurde sein Hunger.

»Hoffentlich fällt für mich auch noch etwas ab, um meinen Magen zu beruhigen. Viel muss es ja nicht sein!« Er vergaß das schauderhafte Erlebnis, das er gerade noch in der Kapelle hatte, raffte sich auf und ging die wenigen Schritte in den Garten. Sein Hunger hatte gesiegt.

»Habt ihr auch etwas für mich zu essen?«, fragte er leise. »Vielleicht ein kleines Schinkenbrot, wenn es recht ist?«

Die Mädchen sprachen kein Wort. Aber eines nickte zustimmend und deutete auf die gedeckte Tafel. Eine andere goss ihm Wein in einen silbernen Becher.

Der Wanderer begann zu essen. Aber der Duft des Jasminstrauchs störte ihn und ließ seinen Appetit schnell vergehen. »Dieser Duft«, dachte er, »hat etwas von dem Geruch von Leichen.«

Kaum hatte er diesen Gedanken, da war ihm die Kehle wie zugeschnürt. Der Hunger war verschwunden, und ein heftiges Ekelgefühl drehte ihm fast den Magen um. Schnell trank er in einem Zug seinen Becher leer, aber das half ihm nichts. Der modrige und süßliche Geschmack in seinem Mund und dieser Duft in der Nase wichen nicht. Er rührte nichts mehr an.

Da verspürte er mit einem Male eine Eiseskälte, die ihm den Rücken hinabkroch und alle Glieder befiel. »Hätte ich mich doch rechtzeitig um eine Herberge gekümmert, dann würde ich jetzt nicht hier sitzen«, dachte er. »Jetzt weiß ich nicht wohin in dieser Nacht.« Und er begann, mit den Zähnen zu klappern, so kalt wurde es ihm. Aber das lag nicht nur allein an der eisigen Luft.

Er nahm jetzt allen verbliebenen Mut zusammen und wollte die Mädchen ansprechen. »Hört bitte einmal«, begann er seinen Satz, »ich ... ich ...«

In diesem Moment drehten sie die Köpfe und blickten ihn an. Wieder erschrak er, als er die kalten, starren und bewegungslosen Gesichter sah. Jetzt wusste er mit einem Male, mit wem er es zu tun hatte. Er sprang von seinem Platz auf und rief laut voller Entsetzen in die Nacht hinaus: »Gott helfe, ihr seid ja Leichen!«

Jetzt verstärkte sich der Modergeruch, und die Nacht wurde noch eisiger. Der Wanderer konnte nicht fliehen. Gelähmt vor Entsetzen stand er da und konnte sich nicht rühren.

Aus dem Dorf klang die Kirchturmuhr herauf, die Mitternacht ankündigte. Beim Klang des zwölften Schlages veränderten sich in grausamer Weise die Gesichter der Mädchen. Die Augen sanken ein, bis nur noch tiefe, dunkle Höhlen zu sehen waren. Das wächserne Erscheinungsbild der Köpfe verlor sich, bis nur noch Totenschädel übrigblieben. Das Fleisch der Körper sackte mit den Kleidern langsam zu Boden, und furchterregende Gerippe erschienen. Mit den langen knochigen Fingern ergriffen diese jetzt die brennenden Kerzen und schritten mit unbeholfenen Bewegungen in die Dunkelheit der Nacht.

Hinter einem Busch sah der Wanderer noch kurze Zeit die Kerzen aufflackern. Dann hörte er dreimal das Zuklappen von Sargdeckeln. »Träume ich, oder ist das alles wahr, was ich hier erlebt habe?«, fragte er sich.

Er blickte zu dem Tisch, auf dem noch alle Speisen und Getränke und das Geschirr mit dem Besteck standen.

»Ein Traum kann das nicht gewesen sein. Aber essen kann ich nichts mehr.«

Nach einer Weile hatte er sich halbwegs erholt. Er nahm seinen Ranzen auf den Rücken und lief so schnell ihn die Beine tragen konnten in irgendeine Himmelsrichtung. »Egal, wohin!«, sagte er sich. »Egal wohin, nur weg von hier, weit weg von diesem schrecklichen Ort!«

Er rannte so lange, bis er in tiefer Nacht eine verlassene Hütte im Wald erreichte, in der er sich erschöpft niederließ.

Noch lange Zeit verfolgte ihn dieses Erlebnis. Bei weiteren Wanderungen war er deshalb stets bemüht, rechtzeitig eine Herberge zu finden.

DER SPUK IN DER MÜHLE

Es war ein wunderschöner klarer Sommermorgen. Die Sonne strahlte über dem Brohltal und hatte gerade den letzten Morgendunst aufgezehrt. Die Vögel stiegen in den blauen Himmel und zwitscherten munter darauflos. Bienen und Schmetterlinge labten sich an den Blüten der zahlreichen Blumen um die Wassermühle herum. Alles deutete darauf hin, dass ein schöner und friedlicher Tag angebrochen war.

Wie jeden Sonntag bereitete sich der Müller der Lochmühle darauf vor, mit seiner Familie das Hochamt in Niederzissen zu besuchen.

»Es ist wirklich zu schade, dass ich heute nicht mit euch zur Kirche gehen kann!«, sagte die Müllersfrau. »Aber solange der Knecht krank ist, muss ich mich um das Vieh kümmern!«

Der Müller ging gerne sonntags mit seiner Frau und seinen Kindern zur Kirche. Nicht zuletzt deshalb, weil nach der Messe ein kurzer Besuch im Wirtshaus üblich war, wo Neuigkeiten ausgetauscht wurden und das eine oder andere Glas Bier oder Schnaps getrunken wurde. Wenn die Frau des Müllers mitging, war es schon öfter vorgekommen, dass der Müller sie mit den Kindern nach Hause schickte, weil noch etwas Wichtiges zu bereden war. Dann kam es schon mal vor, dass er einen Schnaps mehr als üblich trank.

»Kommt nach der Messe nicht so spät nach Hause!«, mahnte die Müllerin.

»Ja, ja«, knurrte der Müller und dachte, dass er wegen der Kinder heute nur kurz im Wirtshaus verweilen würde.

»Was da im Wirtshaus geredet wird, ist nicht gut für die Ohren der Kinder!«, rief die Müllerin ihrem Mann nach.

In seiner feinsten Sonntagskleidung ging der Müller also gemeinsam mit seinen Kindern in Richtung Niederzissen. Die Müllersfrau blickte ihnen noch lange nach.

In der Zwischenzeit hatten aber drei undurchsichtige Gestalten die Mühle aus sicherer Entfernung beobachtet.

»Nur die Frau bleibt zu Hause, und der Knecht ist krank!«, flüsterte einer.

»Da haben wir ein leichtes Spiel!«, freute sich ein anderer.

Während der Mühlbach mit seiner monotonen Melodie dahinplätscherte, bereitete die Müllerin alles vor, um das Vieh im Stall zu versorgen. Doch plötzlich stutzte sie, denn sie hörte draußen Schritte und flüsternde Stimmen. Ihr Mann und die Kinder konnten noch nicht zurückgekehrt sein. Das Hochamt hatte noch nicht einmal begonnen. Die Frau war vorsichtig, denn sie war hier draußen mutterseelenallein. Sie schlich sich vorsichtig zum Fenster und blickte durch die Gardine hindurch nach draußen. Dort bemerkte sie, dass drei fremde Männer um die Mühle schlichen, um in das Innere zu gelangen.

Schnell lief die Müllerin auf Zehenspitzen zur Eingangstür und verriegelte diese von innen. Gerade noch im rechten Moment. Denn kaum hatte sie den Riegel vorgeschoben, da bewegte sich die Klinke auch schon nach unten. Der Frau stockte der Atem. Sie blieb still hinter der Tür stehen und hielt eine Weile die Luft an. Deutlich knarrten die schweren Eichenbalken in den Zargen, als jemand sich von außen gegen das Hindernis stemmte.

»Verriegelt!«, sagte eine Stimme. »Weiter!«, sagte eine andere.

Der Frau war bewusst, dass die Fremden nicht aufgeben, sondern jetzt einen anderen Weg suchen würden, um in die Mühle zu gelangen. Aber durch die kleinen Fenster, die von draußen nur schwer zu erreichen waren, konnten die Fremden nicht hindurch. Schon hoffte die Frau, sie würden von ihrem Vorhaben ablassen; doch allem Anschein nach war das nicht der Fall.

Für alle Fälle hatte die Müllerin aus der Werkstattkammer eine scharfe Axt geholt und hielt diese in ihren zitternden Händen.

Da die drei Männer keinen anderen Weg fanden, versuchten sie es jetzt über den Wellbaum. Einer war bereits so weit herübergerutscht, dass er mit einer Hand in das Innere der Mühle greifen konnte. Die Frau stand wie angewurzelt neben der Öffnung, als die Hand durchlangte. Sie zitterte am ganzen Körper und fragte sich immer wieder: »Was soll ich nur machen? Was ist jetzt richtig?«

Bald wurde der Unterarm und dann schon der Oberarm des Eindringlings sichtbar, und im nächsten Moment konnte schon der Kopf durch die Öffnung kommen. Der Frau blieb nichts anderes übrig. Sie erhob die Axt; und in der Hoffnung, beim ersten Mal sofort richtig zu treffen, schlug sie zu. Die Hand fiel auf den hölzernen Boden, und im gleichen Moment ertönte das laute Schreien des Getroffenen. Der bluttriefende Arm wurde sofort zurückgezogen.

Die Müllerin hoffte, dass das eine Warnung für die anderen gewesen sei. Aber diese gaben keinesfalls auf. Kaum war der blutige Arm verschwunden, steckte der zweite Eindringling seinen Kopf durch die Öffnung. Im gleichen Moment schlug die Frau ein zweites Mal zu und trennte mit einem heftigen Hieb den Kopf dieses Mannes von dessen Hals. Polternd rollte der Kopf zu Boden, während der Körper langsam vom Wellbaum in den Mühlbach rutschte, dessen Wasser sich rot verfärbte.

Laut schreiend und vom Grauen gepackt, ergriffen die beiden anderen Männer die Flucht.

Als der Müller gut gelaunt mit den Kindern aus der Kirche zurückkehrte, ahnte er noch nicht, was sich in der Zwischenzeit in seinem Hause zugetragen hatte. Seine Frau öffnete ihm die Eingangstür, die immer noch von innen verriegelt war.

»Was ist geschehen, wie siehst du aus?«, fragte der Müller. »Warum ist bei diesem herrlichen Sommerwetter die Tür verschlossen?«

Die Frau brachte zunächst kein Wort heraus. Leichenblass führte sie ihren Mann zu dem Ort der grausamen Ereignisse. Sie deutete auf den Boden, wo die abgeschlagene Hand und der Kopf lagen.

Der Müller blickte hinunter, und als ihn die starren Augen des Kopfes ansahen, schien das Blut in seinen Adern zu erstarren. »Mein Gott, was ist passiert? Wer ist das?«, fragte er seine Frau.

Langsam beruhigte sich die Frau wieder. Sie setzte sich zu ihrem erschütterten Mann und berichtete, was sich während der letzten Stunden in der Mühle ereignet hatte.

»Was wird, wenn der Burgherr das erfährt? Er wird uns bestrafen. Und was geschieht dann mit den Kindern?«, fragte der Müller seine Frau.

»Schnell, wir müssen handeln, dann wird er nichts erfahren!«, entgegnete sie. »Wir müssen Körper, Kopf und Hand vergraben!«

Die Kinder des Müllerpaares spielten auf einer Wiese, während die Eltern den ausgebluteten Körper des Einbrechers aus dem Mühlbach zogen.

»Hoffentlich hat niemand bachabwärts das rotverfärbte Wasser bemerkt«, sagte der Müller zu seiner Frau.

»Wir haben jetzt keine Zeit, daran zu denken! Wir müssen graben, nichts als graben!«, war ihre Antwort.

Sie vergruben schnell den Körper, die Hand und den Kopf und hofften, dass niemand jemals etwas bemerken oder irgendwelche Fragen stellen würde.

Beide gingen am Abend früh zu Bett, denn die Arbeit und die Ereignisse hatten Kraft gekostet. Vielleicht würde am nächsten Morgen alles anders aussehen, dachten sie.

Es war genau Mitternacht, die Turmuhr von Niederzissen klang deutlich durch die klare Nacht, da vernahm der Müller aus der Mahlkammer plötzlich ungewohnte Geräusche. Erst war es ein Poltern und Klopfen, dann zusätzlich ein Wimmern und Klagen und Stöhnen.

»Hörst du das?«, fragte er seine Frau.

»Ja, ich höre es«, flüsterte sie erschrocken. »Es klingt genauso wie heute morgen. Zuerst polterte die Hand hinunter!« Die Frau machte eine Pause, und der Schein des Mondes fiel durch das Kammerfenster jetzt genau auf ihr schneeweißes Gesicht; ihre Augen waren weit geöffnet. »Dann polterte der Kopf hinunter und dann, dann das Geschrei, genau wie jetzt!«

»Vielleicht sind die anderen zurückgekommen und wollen uns nur einen Schrecken einjagen!«, meinte der Müller. »Ich seh' mal nach!«

»Sei bitte vorsichtig!«, bat die Frau, die in der Schlafkammer blieb.

Der Müller nahm die brennende Kerze und stieg die hölzerne unter jedem Schritt knarrende Stiege hinunter. Noch immer dröhnte und polterte es, und je näher der Müller zu der Mahlkammer kam, desto lauter wurde es. Dann öffnete er langsam die Tür und blickte vorsichtig in die Kammer. Nichts war zu sehen; dort waren nur die Geräusche, die ihm den kalten Schauder über den Rücken trieben. Er wartete einige Augenblicke und ging dann wieder zu seiner Frau zurück in die Schlafkammer.

Als er die Kammer wieder betrat, saß seine Frau aufrecht mit gefalteten Händen im Bett und sprach zu ihrem Mann, bevor er noch ein Wort sagen konnte: »Es ist ein Spuk! Jetzt haben wir einen Spuk im Haus, und wir können nichts dagegen machen!«

»Wir werden uns daran gewöhnen, es sind nur Geräusche!«, wandte der Müller tröstend ein.

»Es ist ein Spuk, und an einen Spuk kann sich niemand gewöhnen. Es ist eine unerlöste Seele, die keine Ruhe findet!«, entgegnete die Frau.

Die Frau sollte recht behalten. Von nun an polterte es jede Nacht in der Mühle. Immer um Mitternacht wurden alle aus dem Schlaf gerissen und an die schrecklichen Ereignisse erinnert.

Bald wurden der Müller und die Müllerin krank und mussten die Mühle verkaufen.

Aber auch den neuen Eigentümern erging es nicht anders. Der Spuk plagte sie, bis sie die Mühle verließen. Der Ursprung des Spukes aber blieb für immer ein Geheimnis der Müllersleute.

DER GEIST IM KUHSTALL

Auf einem großen Hof in Alendorf lebte einst eine Magd, die ihre Arbeiten in Haus und Hof stets gründlich und mit Freude verrichtete. Zu ihrer Aufgabe gehörte auch die Versorgung der Kühe und Kälber im Stall.

Es war an einem trüben und grauen Novemberabend. Der Wind pflückte die letzten Blätter von den Bäumen, und der Nebel hüllte die Landschaft in eine milchige, eintönige Farbe. Die Stalllaterne spendete nur so viel Licht, dass gerade die Tiere in ihrem Verhau zu erkennen waren. Die Magd war noch mit dem Melken der Kühe beschäftigt, als sie plötzlich in dem trüben Licht eine gebückte Frauengestalt bemerkte, die sie hier auf dem Hof zuvor noch nie gesehen hatte. Fast zu Tode erschrocken, vergaß die Magd das Melken. Es stockte ihr der Atem, als diese unheimliche fremde Gestalt auch noch mit deutlich vernehmbaren schlurfenden Schritten auf sie zukam. Die Gestalt blieb vor der Magd stehen, erhob langsam ihre rechte Hand und legte sie auf den Kopf des Mädchens. Dann war sie so schnell wieder verschwunden, wie sie erschienen war.

Der Schreck saß der Magd noch immer in den Gliedern, als sie ihr Kopftuch abnahm und zu ihrem Erstaunen feststellte, dass die Hand der Alten im Tuch einen Abdruck hinterlassen hatte. Die Magd war ratlos. »Wer war das?«, dachte sie, »was bedeuten nur die eingebrannten Spuren? Wer war das nur? Ich habe Angst!« Das waren ihre quälenden Gedanken. Schnell lief die Magd noch am gleichen Abend durch den Herbstnebel zum Pfarrer, der immer einen Rat für sie hatte.

»Sollte die Gestalt wiederkehren«, sprach der Pfarrer mit weisen Worten, »dann fürchte dich nicht. Frage einfach: Seele, was wünschest du?«

Obwohl die Magd dem Pfarrer vertraute, begab sie sich am nächsten Abend wieder zur gewohnten Stunde mit mächtigem Herzklopfen in den Stall und begann die Kühe zu melken. Dabei blickte sie immer wieder zu der geöffneten Stalltür hin. Dann, mit einem Male, war die geisterhafte Gestalt plötzlich wieder da. Sie kam langsam auf die Magd zu, und noch bevor die Fremde ihre Hand erheben konnte, um die Magd zu berühren, fragte diese: »Seele, was wünschest du?«

Mit leiser, bittender Stimme gab die Gestalt zur Antwort: »Vor langer Zeit, als ich einmal in Not war, habe ich versprochen, den Kreuzweg zum Kalvarienberg hinaufzugehen. Als es mir wieder besser ging, hatte ich mein Versprechen vergessen. Nun kann ich in meinem Grab keine Ruhe finden. Geh für mich bitte den Kreuzweg!«

Dann drehte sich die Frau um und trat hinaus in den Novembernebel, so dass man sie bald nicht mehr wahrnehmen konnte.

Noch am gleichen Abend berichtete die Magd die Begebenheit dem Pfarrer.

»Der armen Seele wird geholfen!«, versprach er. Und schon am nächsten Tag betete die ganze Kirchengemeinde den Kreuzweg für sie. Seitdem ist die gebückte Gestalt nicht mehr erschienen.

BEGEGNUNGEN IM WALD

DIE SCHRECKENSNACHT DES KNECHTS ALBERT

Albert war Knecht eines Hofes in Sarmersbach. Eines Tages wurde er von seinem Bauern, es war nicht das erste Mal, nach Kelberg zum Einkaufen geschickt. In seiner Tasche trug er eine lange Liste mit Dingen, die er später im Rucksack nach Hause tragen sollte.

In Kelberg angekommen, erledigte er seine Aufgabe schneller als gedacht, und er sprach zu sich selbst: »Mensch, Albert, besser du gehst noch in die Wirtschaft und schüttest einige Schnäpse hinunter, als zu früh auf den Hof zurückzukehren und dann noch den Stall auszumisten! Der Bauer wird nicht erfahren, wie lange die Einkäufe gedauert haben!« Gedacht, getan. In der Wirtschaft traf Albert noch einige Bekannte, mit denen er Neuigkeiten austauschte. Deshalb trank er mehr Schnäpse, als er zunächst vorhatte. Die Sonne ging langsam unter, und der Tag neigte sich allmählich seinem Ende entgegen, als der Knecht schließlich seinen schweren Rucksack schulterte und den Heimweg antrat.

»Jetzt muss ich aber die Beine bewegen«, dachte er, »bei Dunkelheit möchte ich nicht gerade durch den Wald gehen.« Und er bemühte sich, die in der Wirtschaft verlorene Zeit aufzuholen.

»So lange bin ich noch nie zum Einkaufen ausgeblieben«, murmelte er. »Wenn das nur mal keinen Ärger mit dem Bauern gibt.«

Nachdem er einen dichten Wald hinter Kelberg durchquert und einen steilen Weg hinter sich gelassen hatte, gelangte er an eine Kreuzung, an der es nicht mit rechten Dingen zugehen sollte. Hier kamen sieben Wege aus allen denkbaren Himmelsrichtungen zusammen, und hier stand auch ein dunkles Holzkreuz, das allen als »Afelskreuz« bekannt war.

Die Sonne war nun schon vor geraumer Zeit untergegangen und hinter den Eifelbergen verschwunden. Die dunkle Nacht hatte Einzug gehalten. Da bemerkte Albert, als er an besagtem Kreuz vorüberkam, dass dort ein kleines Männlein stand. Es sah eigenartig aus. Der überaus dicke Kopf saß unmittelbar auf den Schultern, so als sei kein Hals vorhanden. Eingehüllt war das Männlein in einen dicken Lodenmantel, der viel zu groß erschien und bis zum Boden reichte. Ohne dass es den Kopf bewegte, verfolgten seine dunklen Augen jede von Alberts Bewegungen.

»Kenne ich den irgendwoher?«, dachte der Knecht. »Irgendwie kommt er mir bekannt vor. Doch wo habe ich ihn schon einmal gesehen? Was soll es, ich rede mit ihm, dann werde ich es bald erfahren«, entschied er.

»Abend!«, rief Albert dem Männlein freundlich zu. Aber eine Antwort auf seinen Gruß war nicht zu vernehmen. Stattdessen starrte das Männlein den Knecht mit funkelnden Augen an.

Das ärgerte den Knecht. »Ich bin stark und habe keine Angst, was soll mir schon passieren«, dachte er und rief nochmals mit lauter Stimme: »He, du, ich habe guten Abend gesagt!«

Aber auch diesmal zeigte das unheimlich anmutende Männlein keinerlei Regung. Aber dafür war es jetzt gespenstisch still geworden in dem Wald. Kein Lüftchen regte sich, die Bäume standen stumm da, als würden sie der Handlung zu ihren Füßen lauschen wollen. Auch die Tiere des Waldes waren verstummt.

»Albert, geh' weiter, und lass den Kerl in Ruhe!«, dachte der Knecht. »Das kann nichts Gutes bedeuten!«

Andererseits ließ es ihm keine Ruhe, dass es da jemand nicht für nötig hielt, auf seinen gut gemeinten Gruß zu antworten.

»Bin ich denn als Knecht weniger wert als ein Herr?«, murmelte er. »Zumal ich ein guter Knecht bin!«

Der Schnaps zeigte jetzt seine Wirkung. Das Blut in seinen Adern pochte, und der Kopf wurde ihm schwer. Und so bemerkte Albert auch nicht, dass die Augen des Männleins immer funkelnder und feuriger wurden. Zur gleichen Zeit begann sein Körper zu wachsen.

Aber Albert atmete nur zweimal kräftig durch, pumpte seine Lunge voll und schrie: »He, du dummer Kerl da! Hast du keinen Mund, um mir zu antworten, oder sind deine Ohren zu klein, um mich zu hören?«

Da hatte Albert etwas gesagt, was er besser unterdrückt hätte. Nach diesen Worten vergrößerte sich das Männlein nämlich noch mehr, bis es eine riesengroße Gestalt angenommen hatte. Schon nach kurzer Zeit war es kaum noch wiederzuerkennen. Jetzt bemerkte auch Albert, wer sich da vor ihm aufbäumte. Es war das Struthmännchen, von dem viele schon berichtet hatten, dass es manchen lustigen Streich, aber auch böse Taten vollbrachte, je nachdem, wie man ihm selbst zuvor begegnet war.

Nun riss das eben noch so kleine Männlein mit einem Male den Mund weit auf, und ein schallendes, von Schadenfreude begleitetes Lachen hallte durch die Stille des Waldes.

Albert wusste nicht so recht, wie ihm geschah. Doch dann hüpfte das Struthmännchen mit einem großen Satz hinter ihn und landete mit einem flinken, wendigen Sprung auf dem vollbeladenen Rucksack des Knechtes. Der Rucksack, der von den eingekauften Waren ohnehin schon ein sehr großes Gewicht aufwies, war jetzt mehr als doppelt so schwer, so dass die Trageriemen tief in Alberts Schultern schnitten. Albert griff nach hinten, drehte und schüttelte sich, um den ungebetenen Gast loszuwerden. Aber so sehr er sich auch bemühte, es wollte ihm nicht gelingen. Es gab keine Möglichkeit, das Struthmännchen abzuschütteln.

»Was mach' ich nur, was mach' ich nur?«, dachte Albert. »Wie soll das weitergehen? Dieses Gewicht wird mir das Kreuz brechen.«

Dann kniff der Peiniger den Knecht mit seinen spitzen Fingern in die Seite und schlug ihm mit einem Eichenknüppel auf den Kopf, dass es nur so krachte. Mit schallender Stimme befahl er: »Lauf zu, du Knecht! Ich sitze hier oben bequem. Beweg deine Füße und lauf, lauf!«

Und Albert begann zu laufen und zu laufen. Und immer, wenn er langsamer wurde, weil seine Kräfte nachließen, erhielt er wieder einen Schlag mit dem Knüppel auf den Kopf, so dass er lief, lief und lief.

Seit Stunden lief Albert nun schon durch den dunklen Wald. Äste peitschten ihm in das Gesicht, wenn das Männlein den Befehl zur Änderung der Richtung gab und Albert den holperigen Waldweg verließ und quer durch die Schonungen und das Unterholz trabte. Seine Kräfte ließen immer mehr nach. Doch der Peiniger auf seinem Rücken befahl: »Lauf, lauf, nur nicht rasten, du fauler Knecht!« Und immer wieder unterbrach das höllische Gelächter die antreibenden Befehle.

Dann endlich lag der Wald hinter ihnen, und die ersten Lichter der Häuser von Sarmersbach wurden sichtbar. Albert war völlig erschöpft. Der Schweiß rann ihm von der Stirn; Haar und Kleidung waren so nass, als wäre er in einen Teich gefallen. Auf allen Vieren, wie ein gehetzter Hund, bewegte sich der Knecht langsam über die Brücke über den Sarmersbach.

In diesem Moment ließ der Quälgeist los. Er sprang vom Rücken. Und mit einem heftigen Schlag auf den Kopf verabschiedete er sich. Dann lief er mit lautem, schaurig klingendem Gelächter in den dunklen Wald zurück; dorthin, wo vor Stunden Alberts Qualen begonnen hatten. Dieser aber lag jetzt bewusstlos auf dem Weg und rührte sich nicht mehr. Es dauerte sehr lange, bis Albert sich erholt hatte. Als er erwachte, blickte er sich erst einmal vorsichtig um. Aber dann konnte er mit Erleichterung feststellen, dass er allein war. Das Struthmännchen war verschwunden. Für die letzten Meter des Weges zum Haus seines Bauern schulterte er erneut den schweren Rucksack und trat nur wenig später durch die Eingangstür des Bauernhofes.

Mehrere Stunden hatte man dort auf ihn gewartet. Die Bäuerin hatte sich ernsthafte Sorgen gemacht, denn so lange war ihr Knecht noch nie ausgeblieben.

Als er in die Stube eintrat, erschraken Bauer und Bäuerin. »Mutter Maria!«, schrie die Bäuerin und bekreuzigte sich. »Ist das Albert unser Knecht oder nur sein Geist? Wie siehst du denn aus?«, rief sie laut und sprach sofort ein Gebet.

Albert war nicht wiederzuerkennen. Am Morgen noch ein kräftiger und lebenslustiger Bursche mit schwarzem gelocktem Haar, war er jetzt ein alter, gebrechlicher Mann mit weißen Haaren. Seine Hände zitterten, sein Gesicht war grau und ausdruckslos. Nicht einen einzigen zusammenhängenden Satz brachte er mehr über die Lippen.

Das Erlebnis dieser Nacht hatte ihn nicht nur körperlich gezeichnet, ja entstellt, sondern auch für die Zukunft geprägt. Auch in seinem

Kopf war eine Veränderung eingetreten. Arbeiten konnte er von nun an nicht mehr. Er saß nur den ganzen Tag in der dunklen Stube, starrte unentwegt auf die gegenüberliegende Wand und sprach kein Wort. Wenn jemand die Stube betrat, schien er es nicht zu bemerken. Erst wenn ihn einer fragte, was in der Nacht Unheimliches geschehen sei, blickte er sich um und sagte nur: »Ich hab' es schwer, was hab' ich es schwer!«

Albert war irre geworden.

DER SPUK IM DAHLEMER KIRCHENBUSCH

Im Kirchenbusch der Gemeinde Dahlem war es nicht ganz geheuer. Mit einsetzender Dunkelheit erschien dort immer wieder eine unheimliche Gestalt in einem langen weißen Gewand. Einmal trug sie ihren Kopf unter dem linken Arm, ein anderes Mal dann wieder unter dem rechten Arm.

Denjenigen, denen diese Gestalt begegnet war, steckte der Schreck noch lange danach in den Gliedern. Die Erscheinung, die sich stets plötzlich aus den Nebelschwaden löste, schwebte lautlos einher, wie ein Schatten. Und seine Augen im Kopf unter dem Arm verfolgten den nächtlichen Wanderer mit einem leeren und toten Blick, dass es allen kalt den Rücken hinunterlief. Niemand konnte sagen, ob es sich um einen weiblichen oder männlichen Spuk handelte. Jeder verließ so schnell er nur konnte den Wald und begab sich niemals mehr zu der Stelle, an der ihm der Spuk begegnet war. Und keiner war bereit, auch nicht für alles Geld der Welt, jemals wieder in der Abenddämmerung oder im Morgengrauen durch diesen Wald zu gehen.

»Was ihr da erzählt, glaube ich nicht. Das ist doch alles Unsinn und Einbildung!«, prahlte eines Tages ein Mann aus dem Dorf, der meinte, besonderen Mut beweisen zu müssen, obwohl ihm selbst schon einmal dieser Spuk begegnet war. Doch damals schrieb er die Erscheinung seinem übermäßigen Bier- und Schnapsgenuss zu. Er war seinerzeit nämlich von einer Kirmes gekommen.

»Wartet ab, ich werde euch schon zeigen, was an den Erzählungen wahr ist oder nicht!«

So nahm er gleich beim nächsten Morgengrauen seine Axt über die Schulter und ging in den Wald zu der besagten Stelle.

»Ich werde die Zeit nutzen und Brennholz machen«, dachte er. Aber je näher er zu der Stelle kam, desto unheimlicher wurde es ihm. »Sollte doch etwas Wahres an dem sein, was die Leute erzählen?«, fragte er sich beklommen. »Wenn ich es so recht überlege, dann war das damals vielleicht doch eine Gestalt und nicht etwa nur der Nebel!«

Es wurde ihm immer unheimlicher, und er musste feststellen, dass hier heute ganz genau die gleiche Stimmung herrschte, wie damals, bei seiner ersten Begegnung. Nebelschwaden zogen lautlos durch die Büsche und Baumwipfel, einmal dichter, dann wieder durchsichtiger, und formierten sich zu lebhaften und zum Teil gewaltigen Gebilden von unbeschreiblichen Formen.

Pitter, so hieß unser Mann, war bereits eine Zeitlang damit beschäftigt, Reisigbündel zu schnüren, wobei er sich immer wieder vorsichtig umsah, ob er nicht etwas entdecken könnte. Aber nur der Nebel spielte im sanften Morgenwind. Doch dann plötzlich erschien zwischen zwei Tannen eine weiße Gestalt. Zunächst glaubte Pitter, es sei ein besonders dichter Nebel, der sich durch das Geäst quälte; aber dann erkannte er die Formen eines Körpers ohne Kopf. Diesen trug die Gestalt unter dem linken Arm. Insgeheim hatte Pitter gehofft, ihr nie wieder zu begegnen. Doch jetzt war es zu spät, sich kluge Gedanken zu machen. Jetzt näherte sie sich genau in der Weise wie damals. Pitter wurde es warm und kalt zugleich bei dem Anblick.

»Wer mag das nur sein? Hoffentlich ist ihr nichts von meiner Lästerei bekannt! Wie soll das nur enden?«, waren die Gedanken, die Pitter jetzt durch den Kopf schossen. Er hoffte, zu träumen. Aber das war keinesfalls so. Er war mitten im Wald allein mit dem Spuk, der immer näher kam. Weglaufen hätte ihm jetzt auch nichts mehr genutzt, denn die Gestalt war jetzt schon so nahe, zum Greifen nahe. So nahm er also allen restlichen Mut zusammen und schrie so laut er konnte: »Bleib mir nur vom Leib!« Mit diesen Worten nahm er sein Beil fester in beide Hände und stellte sich dem Spuk entgegen. Nochmals schrie er in die morgendliche Ruhe des Waldes: »Bleib mir vom Leib, oder ich spalte dir den Kopf!«

Doch im selben Moment begriff Pitter, dass das gar nicht machbar war, was er da lauthals angekündigt hatte. Wie sollte er dem Spuk den Kopf spalten, wenn er diesen nicht auf dem Hals, sondern unter dem linken Arm trug?

Aber Pitter hatte Glück. Mit dieser unüberlegten Androhung hatte er offenbar einen Fluch gelöst; denn mit einem Male löste sich die Gestalt in Nebel auf und wurde niemals mehr gesehen.

DIE UNHEIMLICHE NACHT DES JOHANN SCHEICH

Die Nacht war so dunkel wie Tinte, als Johann Scheich allein mit seinem Fahrrad von Wirft kommend nach Hause fuhr. Aber es machte ihm nichts aus. Er kannte diesen Weg genau. In seinen sechzig Lebensjahren war er hier schon unzählige Male hindurchgekommen. Jedes Jahr spielte er auf der Kirmes in Wirft zum Tanz auf. Und zur Kirche nach Kirmutscheid führte derselbe Weg.

Johann Scheich war ein guter Mensch. Keiner Fliege konnte er etwas antun, geschweige denn einem Menschen. Er war stets lustig, zuvorkommend und freundlich zu allen, so dass auch er immer davon ausging, nichts befürchten zu müssen. Vor wem sollte er sich schon fürchten?

»Die anderen, die immer von Furcht reden und vor Unholden warnen, sind vielleicht selber welche«, sprach Johann zu sich selbst.

»Wovor sollte er sich also fürchten? Vor den Bäumen, mit denen er tagtäglich zu tun hatte, wenn er den Eichen die Rinde abschälte? Oder vor dem Wind in den Wipfeln? Oder gar vor dem Bach, der leise murmelnd neben dem Weg dahinplätscherte? Oder vielleicht vor der Dunkelheit selbst, die nicht einmal in der Lage ist, sich selbst zu sehen?«, brummte Johann in seinen Bart.

Doch in dieser Nacht sollte Johann ganz gründlich das Fürchten lernen! Am Weg lag ein Berghang. Als Johann diesen gerade passiert hatte, sprang plötzlich ein helles Licht neben ihm aus dem Graben und verfolgte ihn, indem es fast neben ihm herlief. Oder schwebte es? Das war nicht so genau zu erkennen. Johann, der sich sehr erschrocken hatte, konnte nicht feststellen, in welcher Weise die Erscheinung sich bewegte, da er seine Augen geradeaus nach vorne richten musste, um nicht zu stürzen.

Die Fahrt wurde schneller und schneller, aber auch das Licht folgte ihm, ohne dass der Abstand sich vergrößerte. Immer wieder langte es nach Johanns Füßen, die dieser wegen der schnellen Fahrt kaum auf den Pedalen halten konnte. Die Angst hatte ihm fast die Kehle zugeschnürt. Aber er erkannte jetzt auch, dass Flucht hier unmöglich war.

Dann redete er sich erneut Mut ein, bremste mit einem Male sein Fahrrad blitzschnell ab, dass das Hinterrad blockierte und eine langgezogene Spur auf dem Weg hinterließ, und sprang ab. In diesem Moment verschwand das Licht wieder im Graben. Johann, dem das Herz bis zum Halse schlug, wischte sich den Schweiß von der Stirn und blickte sich nach allen Richtungen suchend um. Das Licht war verschwunden. Der Spuk schien vorbei zu sein. Hatte er ihn überwunden?

Johann bestieg wieder sein Rad, und nur nach einigen Pedalumdrehungen war das Licht wieder da. Es schnappte wie zuvor nach seinen Füßen, so wie es ein Hund macht, der keine Radfahrer mag.

Die Hetzjagd ging weiter, und kein Ende war abzusehen. Da ergriff Johann kurz entschlossen und in höchster Not seinen Geigenkasten mit seiner Fiedel und warf ihn auf seinen Verfolger. Beim Aufschlagen auf den Boden sprang der Kasten auf, das Instrument flog im hohen Bogen heraus und zerbarst, dass die Saiten nur so wimmerten. Der Spuk aber war mit diesem Moment verschwunden.

Johann ruhte einige Augenblicke aus und sammelte dann die Teile seines Geigenkastens und die Reste der Fiedel zusammen. Dann setzte er ungehindert seine Heimfahrt fort.

Der Schreck steckte ihm noch lange in den Gliedern. Viele Nächte kam er fortan nicht mehr in den Schlaf, so hatten ihn der Spuk und das nächtliche Erlebnis mitgenommen. Aber sooft er auch über die Erscheinung nachdachte, er kam beim besten Willen nicht dahinter, was es damit auf sich hatte.

Später fuhr Johann noch viele Male denselben Weg. Und immer hatte er ein ungutes Gefühl.

Als Johann eines Abends sein Erlebnis in der Dorfkneipe erzählte und ihm alle mit Spannung lauschten, meldete sich der achtzigjährige Arnold Römer zu Wort, der vor langer Zeit ein ähnliches Erlebnis gehabt hatte. Arnold behauptete fest und überzeugt, dass der Leibhaftige an dieser Stelle umginge.

Er hatte vor vielen Jahren nachts von Adenau kommend den Weg abkürzen wollen und einen einsamen Pfad benutzt, der über den Berg durch den Wald führte. Plötzlich sei ihm, so erzählte er, ein talergroßes Licht entgegengekommen, das manchmal erlosch, um dann wieder in voller Helligkeit aufzuflammen.

»Zuerst habe ich geglaubt, dass mir jemand mit einer brennenden Zigarre entgegenkommt!«, sagte Arnold. »Doch die Größe des Lichts und mein Abstand zu ihm blieben stets gleich. Als ich die Anhöhe erreicht hatte, blieb es plötzlich stehen. Ich fasste allen Mut, den ich aufbringen konnte, und ging mit schnellen Schritten auf das Licht zu. Der Abstand verringerte sich jetzt zusehends, und als ich fast vor ihm stand, erscholl plötzlich ein markerschütternder Schrei. Der war so schrecklich und laut, dass selbst die Tiere des Waldes erwachten und wild durcheinanderliefen. In diesem Moment war das Licht im Wald verschwunden. Als ich in den nächsten Tagen im Kreisblatt las, dass in jener Nacht auf dem Hügel ein Waldbrand entstanden war, der den gesamten Baumbestand in diesem Bereich zerstörte, ging ich sofort zum Gericht nach Adenau und gab dort zu Protokoll, was ich erlebt hatte!«

Was es mit dem Licht und dem Waldbrand auf sich hatte, konnte allerdings nie aufgeklärt werden.

DAS HÖVELSMÄNNCHEN

Mitte des 19. Jahrhunderts soll in den dichten Wäldern um Udenbreth das sogenannte »Hövelsmännchen« sein Unwesen getrieben und Menschen immer wieder in Angst und Schrecken versetzt haben. Die dichten, dunklen Wälder reichten bis an den Dorfrand heran, und auch der Mutigste hatte die größte Mühe, ohne ständiges Zurückblicken und Herzklopfen das Dunkel zu durchqueren. Als besonders gefährlich und unheimlich wurde der Wald zwischen Udenbreth und Berg beschrieben. Die Udenbrether nannten diesen Wald »auf dem Hügel« oder »auf dem Hövel«.

»Nehmt euch in Acht!«, mahnten und warnten immer wieder die Alten. »Wir haben schon viel mitgemacht, früher, wenn wir den Wald durchquerten. Grausig ist es, erspart euch das, meidet den Wald bei Nacht!« Wie der Name es schon ausdrückt, lag dieser Bereich höher als der andere Wald. Hier standen auch die schönsten und höchsten Bäume der ganzen Gegend. Aber hier spukte es jede Nacht, so dass alle weit fernblieben und die Stelle mieden, um nicht mit dem unheimlichen Geschehen in Berührung zu kommen.

Der Spuk zeigte sich besonders heftig und ausschweifend, wenn Wilderer die Tiere des Waldes jagten, oder wenn jemand bei Nacht und Nebel Holz zu stehlen versuchte. Immer hob dann ein lautes Knallen von Pferdepeitschen an, Pferde trampelten und wieherten, und Hunde bellten ganz erbärmlich. Schnell entwickelte sich daraus ein Sturm, der bis zum Orkan heranwuchs und die hohen Bäume mit großer Gewalt in alle Himmelsrichtungen bog und neigte, dass die Wurzeln knarrten und Mühe hatten, das Gewicht der Stämme und der zahlreichen Äste zu halten. Wer nicht gleich zu Beginn des Spukes eilends den Wald verließ, konnte sich plötzlich nicht mehr von der Stelle bewegen und blieb starr und wie angewurzelt stehen.

Immer wieder wurde in Udenbreth von dem Spuk und den unheimlichen Ereignissen erzählt, so dass sich die Neugier bei manchen ins Unermessliche steigerte.

Doch einige glaubten nicht an den Spuk. »Ist doch alles Unsinn, was da erzählt wird!«, sagte ein junger Mann in der Wirtschaft zu einem anderen, mit dem er dort zusammen Schnaps trank.

»Ich glaub' auch an nichts, es sei denn, ich habe es selbst erlebt und gesehen!«, erwiderte der andere.

»So ist es!«, fügte der erste hinzu. »Alle, die davon sprechen, wollen sich nur mit dem hervortun, was sie angeblich schon erlebt haben. Feiglinge sind es, alles Feiglinge, die hinter ihrem warmen Ofen nicht hervorkommen, weil sie Angst haben. Aber mit großen Sprüchen glänzen wollen sie alle!«

»Weißt du, was wir tun werden?«, fragte dann der andere.

»Du wirst es mir sagen!«, erwiderte der Gefragte, der bereits ganz glasige Augen hatte und dessen Zunge schwer geworden war. »Komm, spuck es aus, was meinst du?«

»Wir werden in den Wald gehen, Holz fällen und uns den vielbeschriebenen Spuk ganz einfach selbst ansehen!«, schlug der andere vor.

»So wird es gemacht! Morgen soll es losgehen!«

Beide gingen dann wenige Tage später, jeder mit einer Axt über der Schulter, in Richtung Hövel.

»Unheimlich dunkel ist es heute Nacht!«, sagte der eine, »vielleicht hätten wir uns doch besser eine Vollmondnacht ausgesucht!«

»Damit wir vor unserem eigenen Schatten erschrecken können? Nein, danke!«, sagte der andere lachend.

Am Rand des Hövels blieben sie stehen und blickten sich suchend um. Alles war ruhig, und kein Lüftchen regte sich.

»Los, fang an!«, sagte einer von den beiden. »Heb' die Axt und schlag endlich zu!«

Da begann der erste, seine Axt in einen Baum zu schlagen, so dass die Stille der Nacht jäh unterbrochen wurde. Noch im selben Moment begann ein heftiger Sturm zu heulen. Die beiden Männer erinnerten sich sogleich an den dringenden Rat der anderen, schnell den Wald zu verlassen, wenn es mit dem Spuk losginge. Sie zögerten nicht lange, schwangen ihre Äxte auf die Schultern, wandten sich um und hatten gerade den ersten Schritt getan, da stand auch schon das Hövelsmännchen in voller Lebensgröße vor ihnen und versperrte ihnen den Fluchtweg.

»Ist es also doch wahr!«, flüsterte einer dem andern zu. »Wir wollten es nicht glauben und stehen jetzt hier hilflos mitten in der Gefahr. Wären wir doch schlauer gewesen!«, jammerte er.

»Wir sind nun mal jetzt hier. Wir müssen sehen, was wir daraus machen!«, erwiderte der andere mit zitternder Stimme.

Dann knallte das Hövelsmännchen mit einer feurigen Peitsche in die Luft, dass die Funken nur so durch die dunkle Nacht flogen. Es knallte immer wieder über ihnen, und Funken, so dick wie Hagelkörner, prasselten auf die beiden hinab, dass sie mit ihren Armen über den Köpfen Schutz suchen mussten. Dann ergriff das Hövelsmännchen mit einem Male die Äxte der beiden und befahl ihnen mit strengem Gesichtsausdruck, den Wald auf dem schnellsten Weg zu verlassen.

So schnell sie konnten, rannten die beiden durch den finsteren Wald. Die Äste von Bäumen und Sträuchern schlugen ihnen ins Gesicht, weil sie ihnen nicht schnell genug ausweichen konnten. Sie wagten es nicht, sich umzusehen; denn sie befürchteten, dass das Hövelsmännchen immer noch hinter ihnen herlief. Den Waldrand und das schützende Dorf erreichen, das war ihr Ziel, sonst nichts. Und schließlich kamen sie völlig außer Atem dort an.

Nach einiger Zeit sagte der eine: »Das möchte ich nicht noch einmal erleben, das war ja schrecklich. Ich glaube, dieses Erlebnis werde ich nie vergessen können. Fast hätte es unser Leben gekostet!«

Danach gingen beide jeden Tag zum Pfarrer und baten diesen, ja sie bettelten ihn an, den Spuk im Wald zu bannen.

Eines Tages hatte der Pfarrer ein Einsehen und begab sich mit seinem Küster zum Hövel. Dort knieten beide nieder und beteten, bis die Dunkelheit hereinbrach. Sie gelobten, dass in Zukunft niemand mehr Holz stehlen oder im Wald wildern würde. Dann, bei vollkommener Dunkelheit, breitete der Pfarrer sein Taschentuch auf dem Boden aus und bannte darin das Hövelsmännchen. Das Tuch wurde darauf vom Küster fest verknotet.

Inzwischen war die Nacht vollends hereingebrochen. Im Schein des Vollmondes ging der Pfarrer mit seiner Begleitung den Weg nach Losheim. Dort öffneten sie das Taschentuch und verscheuchten das Hövelsmännchen.

In Udenbreth kehrte nun Ruhe ein. Nur die Geschichte vom Spuk wurde von Generation zu Generation weitergegeben.

DER »GLÖHNIGE MANN«

An einem heißen Sommertag sollte der Bauer Huppert aus Dreiborn eine Fuhre Kalk aus Sötenich abholen. Als der Kalk auf den großen Holzkarren verladen war, ging Huppert noch hinüber in die Wirtschaft, wo er einige Bekannte traf, mit denen er Neuigkeiten austauschte.

»Die Hitze in diesem Sommer ist ja unerträglich!«, meinte einer und winkte dem Wirt, dass er ein weiteres Bier zapfe.

»Schlimm!«, erwiderte Huppert, »die Frucht verdorrt auf dem Halm. Regen brauchen wir, jede Menge Regen!«

»Ja, ja, das Wetter hat sich verändert, früher war alles besser!«, lautete ein weiterer Kommentar.

So tauschte man Erfahrungen aus, suchte nach Gründen für Missstände und wie man sie bewältigen könne. Dabei trank man einen Schnaps, noch einen Schnaps ...

»Auch nicht gerade angenehm die Rückfahrt gleich für deine Ochsen. Du hast den Wagen ja recht voll geladen«, meinte einer.

»Den habe ich so voll geladen, damit ich nur einmal fahren muss. Aber keine Sorge, meine Ochsen werden geschont. Ich werde in der Nacht fahren. Dann ist es kühl und angenehm für sie und auch für mich!«, antwortete der Bauer.

Der Tag neigte sich seinem Ende entgegen, die Sonne versank hinter den Wäldern, und die Kühle der Nacht brachte die ersehnte Frische.

Bauer Huppert verließ die Wirtschaft, kletterte auf seinen Wagen und setzte die Fuhre durch einen lauten Peitschenknall in Bewegung. Langsam knirschten die Räder über die holperige Straße. Huppert saß oben auf dem Bock und döste vor sich hin, die Ochsen kannten den Weg.

Als das Fuhrwerk die Höhe des »Galgenknepp« erreicht hatte, hörte der Bauer, wie der Nachtwächter von Dreiborn Mitternacht blies. Als gerade der letzte Ton verklungen war, meinte er, ein Geräusch hinter sich zu vernehmen. Er wandte sich um, konnte aber nichts entdecken. Doch so gleich dachte er an den »glöhnigen Mann«, der hier in der Gegend seinen Spuk treiben sollte.

»Wäre ich doch nur früher losgefahren«, dachte er, »jetzt bin ich hier mitten im Wald, und das auch noch rechtzeitig zur Geisterstunde.«

Er fuhr weiter und wagte es nicht, sich umzuschauen. Nur geradeaus nach vorne starrte er und trieb seine Ochsen an, indem er die Peitsche heftig einsetzte. Dann, mit einem Male, flatterte und vibrierte etwas an seinem Kopf.

»Was war das denn, und so nahe?« Er schlug mehrmals kräftig mit seiner Peitsche in die Luft, dass es nur so durch den Wald hallte. Huppert glaubte, das Ding mit diesem Geräusch verjagen zu können, wusste aber selbst nicht, was es war. Er spürte den Angstschweiß auf Stirn und Rücken. Das Hemd klebte am Körper. Dann nahm er seinen Hut ab, um die Schweißperlen besser abwischen zu können; da bemerkte er zu seiner Erleichterung, dass es der Wiegezettel war, den er am Morgen dort an den Hut gesteckt hatte und der mit Sicherheit dieses Geräusch verursacht hatte.

»Haha, das ist doch alles Unsinn mit diesem ›glöhnigen Mann‹!«, rief er laut in den Wald hinein und fühlte sich mit einem Male sehr mutig. »Alles nur Gruselgeschichten, die da erzählt werden. In Wirklichkeit ist da nichts dran!«

Huppert fuhr weiter. Aber plötzlich lief es ihm eiskalt den Rücken hinunter, als ihm durch den Kopf fuhr: »Warum hat der Zettel so geraschelt und gezittert, es war doch gar kein Wind? Sollte vielleicht doch diese Spukgestalt etwas damit zu tun haben?«

In diesem Moment wurde Huppert starr vor Schreck, denn er hatte sich umgedreht. Mitten auf seiner Kalkladung saß er, der »glöhnige Mann«. Hellglühend und bedrohlich überragte er Ladung und Fuhrmann.

In seinem Schrecken wußte Huppert jetzt keinen anderen Rat, als ein »Vaterunser« zu murmeln. Kaum hatte er damit begonnen, da sprang der glühende Geist von der Ladung und hüpfte und tobte um den Wagen herum, sprang wieder auf die Ladung und wieder hinunter. So ging das eine ganze Zeitlang. Der Bauer verfolgte genau, was sich da abspielte, und er wußte manchmal gar nicht, wohin er den Kopf zuerst drehen sollte.

Als sich das Fuhrwerk mit dem Feuerspektakel der Dreiborner Burg näherte, wurden die Flammen immer kleiner, bis sie ganz erloschen und so plötzlich, wie sie erschienen waren, verschwanden.

Der Bauer Huppert soll der letzte gewesen sein, der den »glöhnigen Mann« in dieser Gegend gesehen hat.

DER FEURIGE, KOPFLOSE MANN

Zwischen Mensdorf und Betzdorf war schon seit jeher eine Stelle im dichten Wald, an der es jede Nacht spukte. Deshalb wurde dieser Bereich von den meisten Menschen gemieden.

Eines Abends fuhr ein Müllerbursche auf seinem mit Mehlsäcken voll geladenen Pferdewagen von Mensdorf nach Betzdorf. Er war müde und döste etwas vor sich hin, während das Pferd gemächlich den Wagen zog. Die Räder polterten über den steinigen Weg; der Wagen schaukelte, und der Müllerbursche oben auf dem Bock bewegte sich hin und her. Dann, nach einer Weile, näherte sich das Gefährt langsam der Stelle, an der der Spuk sein Unwesen trieb. Jetzt war der Bursche mit einem Male hellwach.

»Ist das gruselig hier!«, sprach er laut zu sich selbst, um das Gefühl zu bekommen, er sei nicht allein. Genauso machte er es auch, wenn er in den dunklen Gewölbekeller der Mühle gehen musste. Dann pfiff er immer laut ein Lied.

Hier war es aber bedeutend unheimlicher als in jenem Keller. Der Bursche blickte sich suchend um und versuchte vergeblich, seine klappernden Zähne zu bändigen. Diese benahmen sich so laut, dass selbst das Zugpferd das Geräusch vernahm und die Ohren neugierig nach hinten stellte. Aber rundum war nichts zu erkennen. Die Nacht war stockfinster. Nur hin und wieder erhellte der Vollmond mit seinem eiskalten Licht Teile des Weges; und zwar immer dann, wenn die schnell dahinziehenden Wolken ihn kurz freigaben.

»Da vorne muss die Stelle sein«, murmelte der Müllerbursche. »Ja, da vorne!«

Und schon wieder hatte eine dichte schwarze Wolke den Mond verschluckt, und es war dunkel wie in einem Tintenfass. Gleichzeitig erklang eine furchterregende Männerstimme, die sich anhörte wie der ferne Donner eines heftigen Gewitters.

Dem Burschen lief es schaurig über den Rücken, so als würde eine eiskalte Hand ihm in den Nacken fassen. »Jetzt hilft nur eines...«, dachte er. Er ließ die Peitsche knallen, um das Pferd zu einer schnelleren Gangart anzutreiben. Aber das Pferd schien die Gefahr ebenfalls zu spüren. Und es rührte sich nicht mehr von der Stelle.

»Was ist los?«, rief der Kutscher. »Schnell, wir müssen hier weg!«

Da kam mit einem Male eine feurige Männergestalt ohne Kopf auf ihn zugerannt. Sie war so plötzlich da, dass er nicht wusste, woher sie kam. In Windeseile rauschte sie an ihm vorüber, dass dem Burschen die Mütze vom Kopf flog und sogar die schweren Mehlsäcke hinten auf dem Wagen links und rechts vom Wagen gewirbelt wurden und im Wald landeten. Dort platzten sie auf, und das Mehl verteilte sich überall.

Das Pferd aber hatte sich so erschrocken, dass es im gestreckten Galopp mit dem Wagen die Flucht ergriff und in Richtung Heimat lief.

Fast besinnungslos und schweißnass kam der Müllerbursche zu Hause an. Dort brachte man den vollkommen Erschöpften zu Bett.

Erst am nächsten Morgen bemerkten die anderen, dass er über Nacht ein alter Mann geworden war. Seine Haare waren grau, sein Gesicht weiß und eingefallen, und von dem einst listigen Glanz der Augen war nichts mehr zu erkennen.

Zögernd berichtete er von seinem Erlebnis in der Nacht und beteuerte, dass er nie mehr in seinem Leben zu dieser Stelle im Wald gehen werde, an der sich sein Leben so verändert hatte.

»Ich kann es nicht mit Worten wiedergeben, was mir da widerfahren ist!«, beteuerte er und versuchte trotzdem, alles zu erzählen.

»Der Mann ohne Kopf... und glühend war er ...!« Seine Stimme stockte, er begann zu zittern, und die Zuhörer versuchten, ihn zu beruhigen.

Danach konnte er nie wieder normale Arbeit verrichten. Das nächtliche Erlebnis hatte ihm zu sehr zugesetzt.

LIEBE, FREUNDSCHAFT UND VERHÄNGNIS

DER REITER VOM ROSSBERG

Im Schrumpftal, das sich von Metternich bis Hatzenport hinzieht, lebte einst eine sehr schöne Müllerstochter, die sich ihrer Schönheit durchaus bewusst war. Das wurde immer wieder deutlich an ihrem Verhalten gegenüber Männern. Sie hatte stets jede erdenkliche Anzahl von Freiern, die sie aber immer hinhielt und über ihre Gefühle ihnen gegenüber im Unklaren ließ. Es kam auch schon hin und wieder vor, dass sie mit dem einen oder anderen jungen Mann ein paar Worte redete. Dann machte dieser sich womöglich Hoffnungen. Doch die hatten nichts zu bedeuten, denn bei der nächsten Begegnung wurden sie schon wieder zunichte gemacht.

Eines Tages freite ein reicher Bauer um die stolze Müllerstochter.

»Ich werde über Euer Angebot nachdenken«, sagte sie, »wenn Ihr im Galopp über den Roßberg herab in das Tal geritten kommt. Ihr sollt ja ein guter Reiter sein!«

Der Bauer überlegte zuerst; denn es war ihm durchaus bewusst, dass dieser Ritt höchst gefährlich wäre. Der Felsen war steil und kaum zu Fuß zu bewältigen, geschweige denn hoch zu Ross.

»Aber ein derartiges Angebot hat noch keiner vor mir bekommen«, dachte er, »ich muss also viel höher in der Gunst der Müllerstochter stehen als alle anderen zuvor. Das kann nichts Schlechtes bedeuten, also wage ich es. Bestimmt bringt mir dieses Vorzeichen Glück!«

Der Bauer wollte die Angelegenheit nicht auf die lange Bank schieben, damit seine Angebetete es sich erst gar nicht anders überlegen konnte. »Meine Holde!«, sagte er. »Ich werde die von Euch gewünschte Mutprobe vollbringen. Ihr seid es mir wert, müsst Ihr wissen, dass ich Kopf und Kragen riskiere, um unser beider Zuneigung zu festigen!«, sprach er und bestieg sein Pferd. Er gab ihm die Sporen, dass es sich vorne aufbäumte, und ritt dann mit großer Geschwindigkeit los, auf den felsigen Abhang zu.

Aber er hatte keine Möglichkeit, den Kampf gegen den steilen Abhang zu gewinnen. Der Felsen war zu glatt für die Hufe des Pferdes und zu steil, um den schnellen Fall von Ross und Reiter zu bremsen. Schon nach wenigen Schritten war alles verloren. Ross und Reiter rutschten unaufhaltsam in die Tiefe bis in das Tal, in dem sie tot liegenblieben und wo ihnen niemand mehr helfen konnte.

Der Müllerstochter war es wohl bewusst gewesen, dass dies so geschehen musste. Der Freier und sein Pferd fanden zwangsläufig den Tod. Sie hatte nun beide auf dem Gewissen.

Schnell sprach sich in der Umgebung herum, was sich ereignet hatte. Deshalb wurde die Müllerstochter fortan gemieden, denn niemand wollte einer ähnlichen sinnlosen Prüfung ausgesetzt werden.

Die Müllerstochter bekam keinen Mann mehr in ihrem Leben. Sie hatte leichtfertig alle Gunst verspielt. Allerdings soll sie sehr alt geworden sein. Ihr Geist fand nach ihrem Tod jedoch keine Ruhe. Auch das Opfer vom Roßberg konnte nicht vergessen und verfolgte sie bis über den Tod hinaus.

DAS GESPENST IM BACHBUSCH

Ein junger Mann aus Lenningen unterhielt vor langer Zeit eine Freundschaft zu einem Mädchen im benachbarten Ranach. Mehrmals in der Woche ging er den Weg durch den Wald, um sie zu besuchen. Oft vergaßen sie aber die Zeit, so dass es sehr spät wurde und der junge Mann in tiefer Dunkelheit durch den Wald zurück nach Hause gehen musste. So ging das einige Jahre hindurch, und alle, die die beiden kannten, sprachen oft davon, dass es bestimmt nicht mehr lange dauern könne, bis sie heiraten würden.

Aber wie das Schicksal so spielt: Es kam der Tag, an dem der junge Mann eine andere kennenlernte und ihm das Mädchen aus Ranach vollkommen gleichgültig wurde. Diese aber verstand die Welt nicht mehr. Sie wollte sich nicht damit abfinden. Immer wieder fragte sie sich, warum es so kommen konnte. Die gewohnten Besuche ihres Freundes blieben nun aus, und sie wurde mehr und mehr einsam. Mit niemandem mochte sie mehr sprechen, ein Trost konnte ihr nicht zuteil werden. In Gedanken versunken und voller Gram irrte sie in den Nächten durch die Wälder und Felder.

»Was findet er denn nur an dieser hochmütigen Person? Warum konnte alles nur so schnell vorüber sein?« Das waren ihre quälenden Fragen. Eines Abends, es war schon spät und der Mond thronte über den dunklen Eifelwäldern, war sie wieder einmal nach draußen gegangen, weil sie die Enge ihrer Stube in ihrem Schmerz nicht mehr ertragen konnte. Da bemerkte sie mit einem Male in einiger Entfernung zwei Personen, die sie zunächst nicht erkennen konnte. Dann, als sie sich näherten, erkannte sie ihren ehemaligen Freund mit seiner neuen Geliebten. Schnell versteckte sich das Mädchen hinter einem Baum. Von dort sah sie, wie sich die beiden eng umschlungen näherten. Jetzt konnte sie auch schon ihre Stimmen hören. Leise folgte sie den beiden und musste vernehmen, wie er sich über sie ausließ:

»Eine abscheuliche Dirne war sie. Wie konnte ich es nur so lange mit ihr aushalten? Hunderte Männer hatte sie, mit denen sie zu jeder Gelegenheit buhlte. Erben hätte ich da auch nichts können. Arm wie eine Kirchenmaus war sie. Überhaupt nichts zu holen!«

Das Mädchen konnte es nicht fassen, was er da verbreitete. »Dann war er meiner nicht wert. Wie kann er nur solche Lügen erzählen? Wie stehe ich jetzt vor den anderen da?«

Das Mädchen sah keinen anderen Ausweg mehr, als ihrem Leben ein Ende zu setzen. In tiefer Traurigkeit ging sie zu dem reißenden und vom Regen angeschwollenen Waldbach, stürzte sich hinein und ertrank.

Am nächsten Morgen fand man den toten Körper am Ufer unter einer ausgehöhlten Eichenwurzel. Die Strömung hatte sie dorthin getragen. Als der junge Mann von dem Unglück erfuhr, erschrak er sehr, denn er fühlte sich schuldig. Sein Gewissen plagte ihn, und er bekam starkes Fieber. Wenige Tage später erwachte er morgens nicht mehr. Er war seiner früheren Freundin in den Tod gefolgt.

Aber das Schicksal hatte damit seine Arbeit noch längst nicht beendet. Das andere Mädchen war untröstlich und konnte den Tod ihres Freundes nicht überwinden. Sie wurde von einer heimtückischen Krankheit befallen und starb ebenfalls bald.

Noch heute erscheinen zur Geisterstunde zwei verschleierte Mädchengestalten in dem Wäldchen oberhalb von Lenningen und erschrecken nächtliche Wanderer. Sie nehmen sie in ihre Mitte und begleiten sie schweigend aus dem Wald hinaus und verschwinden dann wieder.

DAS ANNCHEN VON KALKAR

Annchen war ein schönes Mädchen mit schwarzgelocktem Haar und von so schöner Statur, dass alle Jungen von Kalkar ihr nachblickten, wenn sie die Dorfstraße hinunterkam. Aber sie hatte schon mit ihrem Franz einen Bräutigam, dem sie fest verbunden war.

Eines Tages wurde Franz sehr krank, so krank, dass er über eine lange Zeit hinweg darniederlag und der Pflege bedurfte. Da zeigte sich Annchen als liebevolle Wärterin, Pflegerin und Trösterin an seinem Krankenbett.

Doch dann nahte der Bartholomäustag, der Tag der Arloffer Kirmes im August. Annchen stand zwar fest zu ihrem Bräutigam, aber das junge Blut in ihren Adern wallte und war nicht mehr zu bändigen, wenn sie an den Kirmesball dachte. Der ließ sie nicht mehr los, selbst dann nicht, wenn sie bei ihrem Bräutigam in der Kammer war, ihn pflegte und ihm Trost zusprach. Der Gedanke an eine lange, ausgelassene Kirmesballnacht ging ihr nicht aus dem Sinn.

Dann war der Kirmestag endlich gekommen. Annchen versorgte ihren Franz und wartete, bis er eingeschlafen war. Dann schlich sie sich heimlich vom Krankenbett, zog sich ihr Ballkleid vom vorangegangenen Jahr an, das Franz so gefallen hatte, und ging allein, ohne auch nur an Franz zu denken, zum Ball. Alle Jünglinge des Dorfes waren zugegen, die Annchen so begehrten, und sie sahen die Gunst der Stunde, da Franz nicht zugegen war. Einer verhielt sich Annchen gegenüber so verführerisch, dass sie ihm einfach nicht widerstehen konnte.

Derweil lag Franz auf seinem Krankenbett, träumte von Annchen, ihrer Treue und von der Hochzeit, die nach Ostern abgehalten werden sollte.

Als Annchen am nächsten Morgen zu Franz ans Krankenbett trat, war sie nicht mehr dieselbe. Ihre Liebe zu Franz wurde von Tag zu Tag weniger und oberflächlicher, die Zuneigung schwand, die zuvor selbstlose Pflege wurde ihr nahezu lästig. Den Fragen der Mutter ihres Bräutigams, die das veränderte Verhalten schon sehr bald bemerkte, wich sie geschickt aus. Annchen ging auch nicht mehr wie gewohnt in die Kirche und hielt sich von anderen Menschen fern. Ihre Gedanken gingen nur noch um ihre Schmach und darum, wie sie sie vor den anderen verheimlichen konnte.

Eines Nachts sah sie keinen anderen Ausweg mehr und schlich sich mit trüben und schweren Gedanken hinab zur Erft. Als sie dort ankam, brach sie ohnmächtig am Ufer zusammen.

Erst im Morgengrauen wurde sie wieder wach und bemerkte zu ihren Füßen ein neugeborenes Kind. Sofort begriff sie, dass dieses Kind das Ergebnis der Kirmesballnacht sein musste. Ohne weiter nachzudenken und schier vom Wahnsinn gepackt, nahm sie das Neugeborene und warf es in die Fluten des reißenden Baches.

Zwei Tage später wurde die Leiche des Kindes erftabwärts in den Uferböschungen gefunden.

Annchen wurde wegen Mordes angeklagt. Man machte ihr den Prozess. Das Halsgericht des Vogt- und Schöffenrates auf der Hardtburg fand schnell die Wahrheit heraus, und Annchen starb schließlich am Galgen.

MUT

DIE DREI JUNGFRAUEN VOM SPOMER WEIHER

Immer wieder berichteten nächtliche Wanderer, die am Spomer Weiher, der zwischen Holler und Weiswampach liegt, vorüberkamen, von langgezogenen Klagelauten und Seufzern. Schon beim ersten Laut soll es jedem kalt den Rücken hinuntergelaufen sein. Nein, dieser Ort stand in keinem guten Ruf!

Eines Tages – es war wohl eine Laune, die nach einigen Bieren und Schnäpsen im Gasthaus geboren wurde – beschlossen einige »beherzte« Männer, in der Nacht zum Spomer Weiher zu gehen, um herauszufinden, was es mit den Klagelauten und Seufzern auf sich habe.

»Was soll uns denn passieren?«, rief einer laut, »wir sind so viele, da kommt niemand gegen uns an!«

»Ja, genau, wir werden heute das Geheimnis der Klagelaute aufklären!«, ergänzte einer mit hochrotem Kopf.

»Zukünftige Generationen von Wanderern werden uns dankbar sein, dass wir dem Spomer Weiher den Schrecken genommen haben!«, fügte der dritte hinzu.

»Langsam, Männer, noch ist es nicht so weit!«, meinte einer, der so aussah, als hätte er noch nicht so viel getrunken wie seine Kumpanen.

So begab man sich also in einer Vollmondnacht zum Spomer Weiher. Dichte schwarze Wolken fegten über den Himmel. Es war stockdunkel.

Dann waren die Männer am Weiher angelangt. Sie setzten sich ins Gras und warteten. Nichts tat sich. Der eine kaute aus lauter Langeweile auf einem Grashalm, während ein anderer auf dem Rücken lag und dem Zug der Wolken zusah.

»Und ihr seid sicher, dass das Stöhnen und Klagen hier stattfinden soll?«, flüsterte einer, dem es jetzt wirklich zu lange dauerte und der fast eingeschlafen war.

»Wenn nicht bald etwas passiert ...«, begann ein anderer und hielt dann inne, weil in diesem Moment vom gegenüberliegenden Ufer ein langer, tiefer Laut zu vernehmen war. Alle hielten den Atem an und lauschten in die Nacht. Dann ertönte wieder dieser langgezogene, furchterregende Laut. Die Männer wurden jetzt aufgeregter. Sie kannten das alles nur vom Hörensagen, und jetzt mussten sie es selbst miterleben. Dann erklang es zum dritten Mal: das dumpfe, langgezogene Stöhnen. Mit großen Augen blickten sich die Männer an, und sie rückten näher zusammen.

Schließlich war es so weit. Am Ufer drüben tauchten drei Frauengestalten auf, so als wären sie aus dem Weiher aufgestiegen. Sie begannen einen Rundgang um das leicht wellige Wasser und stießen hin und wieder die Klagelaute aus.

»Also doch!«, flüsterte einer. »Es gibt sie wirklich! Ich glaubte immer, die anderen wollten sich nur in den Vordergrund schieben, wenn sie davon erzählten. Jetzt bin ich selbst dabei. Wäre ich nur zu Hause geblieben!«

Die drei Frauengestalten schwebten dahin. Sie machten den Eindruck, als seien sie fast durchsichtig. Jetzt tauchte hinter ihnen auch noch ein glänzender Lichtstreifen auf, der sich immer länger zog, je weiter sie voranschritten. Als die drei Frauen auf die Männer zukamen, hatten diese plötzlich den Drang, sich zurückzuziehen und sich allesamt im Ufergebüsch zu verbergen. Dabei stolperte einer und verscheuchte mit dem dabei verursachten Geräusch die drei Frauen. Langsam erlosch dann auch der Lichtstreifen, und es wurde wieder stockfinstere Nacht.

Die Männer, die jetzt wieder neuen Mut gefasst hatten, warteten zwar noch einige Stunden, aber in dieser Nacht geschah nichts mehr.

Auch später hat niemand mehr die drei Frauen vom Spomer Weiher gesehen.

DER VERHEXTE WAGEN

Vor langer Zeit lebte ein alter Müller in Bauler, den jeder kannte. Er war ein rechtschaffener Mann, der jahrein, jahraus seine Arbeit fleißig verrichtete und gerecht gegenüber allen anderen Menschen war. Er war stets freundlich und half, wo er nur helfen konnte. Sein Rat wurde weit und breit geschätzt, zumal er es auch verstand, die Kräuter des Waldes und der Wiesen bei Krankheiten und kleineren Leiden erfolgreich anzuwenden.

Nun war wieder einmal der Tag der Kirmes in Bongard gekommen. Wie in all den Jahren zuvor wollte er auch heute wieder dort hinfahren, um sich mit den anderen Menschen, die er kannte, zu unterhalten, zu erfreuen und den einen oder anderen Schnaps zu trinken. Aber auch wertvolle Erfahrungen konnten an so einem Tag ausgetauscht werden.

Beim ersten Sonnenstrahl des Kirmessonntags spannte der Müller den Braunen vor seinen Wagen, denn der Weg war weit, und er wollte an diesem Tag auf keinen Fall das feierliche Hochamt versäumen.

Es war ein wunderschöner Morgen. Der Müller begegnete vielen Leuten, die er kannte; man erzählte, lachte und trank miteinander. Dieser Kirmestag war wieder einmal ganz nach seinem Geschmack. Man konnte vom harten Alltag abrücken und die Last der Arbeit für eine Weile vergessen. Am Abend gingen viele noch in die Wirtschaft, so auch der Müller von Bauler. Dort wurde weitergefeiert.

Aber auch der schönste Tag musste einmal zu Ende gehen; und ehe man sich versah, standen die ersten Sterne am Himmel, und der Mond stieg als scharfe Sichel hinter den Tannen empor.

Es wurde nun höchste Zeit für den Müller, sich auf den Heimweg zu begeben. Er verabschiedete sich von allen Bekannten und wünschte ihnen alles Gute. Der Müller war so beliebt, dass jeder ihm die Hand drückte; mit Ausnahme eines großen, dünnen Mannes, der die Verabschiedung regungslos beobachtet hatte. Sein Gesicht, aus dem dunkle, starre Augen blickten, war wie versteinert. Als der Müller auf ihn zuging, um auch ihm die Hand zu reichen, obwohl er ihn nicht kannte, sagte der Dünne kein Wort; sein Mund blieb verschlossen. Er drehte sich um und bot dem Müller den Rücken.

Der alte Müller konnte das eigentümliche Verhalten nicht verstehen. Er kannte den Mann auch nicht, aber weil es immer später wurde, setzte er sich auf seinen Wagen und schlug einmal mit der Peitsche in die Luft, um seinem Braunen das gewohnte Zeichen zur Abfahrt zu geben. Das Pferd stieg kräftig in die Eisen, der Wagen ruckte an, bewegte sich aber nicht von der Stelle. So sehr sich das Tier auch abmühte, es brachte den Wagen nicht in Bewegung. Wie von unsichtbarer Hand gehalten, blieb er stehen.

Der Müller legte die Peitsche zur Seite und sprang vom Bock. Zunächst versuchte er, das Pferd zu beruhigen und ihm mit vertrauten Worten zuzureden. Doch dann wurde dem Müller mit einem Male klar, welch unheimliche Kraft Pferd und Wagen zurückhielt.

Er ging zurück zum Wirtshaus und blieb auf der Schwelle zum Gastraum stehen. In diesem Moment wurde alles ruhig, niemand sprach mehr, als der Müller laut und deutlich in den Raum hineinrief: »Der mich stehenlässt, lasse mich nun fahren!«

Dann drehte er sich um, ohne ein weiteres Wort zu sagen, kletterte zurück auf seinen Kutschbock und gab erneut dem Pferd das Zeichen zur Abfahrt. Das bäumte sich hoch auf, stemmte sich in das Geschirr, doch der Wagen blieb stehen und war nicht von der Stelle zu bewegen. Abermals eilte der Müller zurück in die Gaststube, und mit kräftiger Stimme rief er erneut in den Raum, in dem bei seinem Erscheinen wiederum Totenstille eingekehrt war: »Der mich hier stehenlässt, lasse mich auch wieder gehen!«

Was spielte sich da ab? Keiner der Anwesenden verstand diese geheimnisvollen Worte. Alle blickten zum Müller, nur der große, unheimliche Mann wandte sich nicht um, sondern stand an der Theke und trank dort weiter einen Schnaps nach dem anderen.

Wieder hatte der Müller den Wagen bestiegen und versuchte ihn in Bewegung zu setzen. Aber wieder war jede Mühe vergebens. Trotz größter Anstrengung des Pferdes blieb das Fuhrwerk wie angewurzelt oder von unsichtbarer Hand gehalten stehen.

Als der Müller jetzt zum dritten Mal in der Gaststube erschien, klang seine Stimme schon deutlich verärgerter. Sie hatte sogar einen bedrohlichen Ton, als er rief: »Du, der heimlich schafft mit einer bösen Kraft, du, der mich ließest stehen, du, du lässt mich nun auch gehen!«

Danach wandte der Müller sich um, und alle schauten ihm erwartungsvoll nach. Jeder fragte sich, was geschehen würde, wenn der Wagen jetzt wieder nicht losfahren könnte. Insgeheim war aber allen klar, dass ein erneutes Erscheinen des Müllers nichts Gutes zu bedeuten hätte. Der Müller ging zu seinem Pferd, tätschelte es am Hals und flüsterte einige Worte, die niemand verstehen konnte, in das Ohr des Tieres. Dann griff er dem Pferd ins Zaumzeug und wollte es samt Wagen wegführen. Das Pferd legte sich so mächtig ins Geschirr, dass die Hufeisen auf dem steinernen Boden Funken schlugen. Aber sonst tat sich nichts. Der Wagen war nicht von der Stelle zu bewegen.

Alle Gäste hatten mittlerweile die Gaststube verlassen und sich um den Wagen versammelt, um das unheimliche Treiben zu beobachten. Nur der lange Kerl an der Theke war nicht mit nach draußen gekommen. Als der Müller nun zu dem hinteren linken Wagenrad ging, war ein deutliches Raunen der Menge zu vernehmen. Der Müller zählte nämlich die Speichen ab, griff dann in eine Holzkiste auf seinem Wagen und holte eine Axt heraus. Er nahm sie mit beiden Händen, holte weit aus und schlug mit einem einzigen heftigen Hieb eine hölzerne Speiche heraus, dass es nur so krachte und die Umstehenden erschraken. Alle blickten sich an und fragten sich, was das zu bedeuten habe.

»Erst will er wegfahren, und nun zerstört er seinen Wagen!«, sagte einer.

»Ja, ohne Hinterrad wird nichts aus der Heimfahrt!«, fügte ein anderer hinzu.

Nun nahm der Müller die herausgehauene Speiche in seine rechte Hand, erhob sie und schmetterte sie mit einem kräftigen Schwung auf den Boden, dass das trockene Holz splitterte und in zwei Teile zerbrach.

Im gleichen Moment ertönte ein grässlicher schmerzerfüllter Schrei aus der Gaststube, der bald in ein jämmerliches Wimmern überging. Alle, die sich draußen versammelt hatten, eilten neugierig zurück, um zu sehen, was sich dort in ihrer Abwesenheit zugetragen hatte. Auf dem Boden lag der Fremde und krümmte sich vor Schmerzen. Sein linkes Bein war gebrochen, und aus einer offenen Wunde spritzte Blut, das sich auf dem Wirtshausboden schnell ausbreitete.

Das Bein war genauso zersplittert wie die hölzerne Speiche aus dem linken Hinterrad des Wagens vom Müller. Dieser trieb jetzt seinen Braunen an und konnte ungehindert seinen Heimweg durch die klare Nacht antreten.

DER MUTIGE PFARRER

Es war zur Zeit der Französischen Revolution. Man schrieb den 7. November 1796. Es war ein sonniger Spätherbsttag in der Eifel. Zwei französische Reiter, Juliene Hanlin und Claude Gesin, waren mit drei Pferden unterwegs von Mayen nach Langenfeld. Sie hatten den Auftrag, den dort stationierten Söldnern ihren Besatzersold auszuzahlen. Nichts deutete zu dieser Stunde darauf hin, dass dieser Tag unheilvoll enden sollte.

»Du, Claude, es wird langsam kalt!«, sagte Juliene.

»Ja, es ist November, das Jahr neigt sich seinem Ende zu. Nicht nur hier, auch zu Hause!«, antwortete Claude.

»Ich hoffe nur, dass dieser Krieg bald ein Ende findet. Ich möchte endlich wieder zu meiner Familie!«, fuhr Juliene fort.

»Bei dem Geld, das wir in unseren Satteltaschen mitführen, hätte man uns doch eine stärkere Bewachung mitgeben sollen!«, meinte nun Claude. »Ist nicht ungefährlich, unser Auftrag!«

»Glaub' ja nicht, dass ich mich wegen des Geldes erschießen lassen würde. Wenn uns jemand überfällt, werfe ich ihm die Taschen hin. Mein Leben ist mehr wert als das Geld!«, gab Juliene zu verstehen.

»Ach, was soll es. Es wird schon gut gehen!«, meinte Claude. »Wir müssen nur die Augen und Ohren offenhalten. Jedes Geräusch kann etwas bedeuten!«

Die beiden hatten Waldesch gerade hinter sich gelassen und gelangten nun an die Abzweigung zum sogenannten »Peterswald«.

»Hast du das gehört?«, fragte Juliene aufgeregt und hielt sein Pferd an. Auch Claude hielt jetzt inne. »Geräusche, schräg hinter uns im Wald!«, flüsterte Juliene.

»Vielleicht Wild, das wir aufgeschreckt haben!«, meinte Claude.

»Nein, es waren Stimmen, ich habe es genau gehört!«, beteuerte Juliene. »Warten wir hier und sehen, was geschieht!«

Kaum hatte er diese Worte gesprochen, da durchbrach ein lauter Schuss die Stille des Tages. Ein zweiter Schuss folgte, ein dritter und ein vierter peitschten aus der gleichen Richtung. Getroffen sackten beide Reiter zusammen und rutschten von ihren Pferden zu Boden.

„Claude, hilf mir, mein Arm!«, rief Juliene. Aber dieser konnte seinen Kameraden nicht mehr hören. Ihn hatte eine Kugel mitten ins Herz getroffen. Er war sofort tot. Weil niemand die Wunden von Juliene versorgen konnte, starb auch er nach kurzer Zeit.

Ein Schäfer, der in der Nähe seine Herde hütete, hatte die Schüsse gehört. »Was war das? Mein Gott, geht das schon wieder los?«, fragte er sich selbst, »nimmt dieser Krieg denn kein Ende?«

Er sprang auf und lief in die Richtung, aus der er die Schüsse gehört hatte. Sein Hund begleitete ihn. Als er nach dem Durchqueren eines Dickichts den Weg erreichte, sah er, wie einige Personen hastig die beiden toten Reiter den Hang hinabschleiften; der Schäfer verlor sie aber dann aus den Augen. »Ihnen zu folgen, wäre mein eigener Tod«, dachte er, »helfen kann ich ohnehin nicht mehr.«

Die drei Pferde blieben unversehrt und gelangten am Abend allein nach Langenfeld. Sie kannten ihren Weg. Die Leichen der beiden französischen Reiter wurden jedoch nie gefunden. Auch das Geld, das sie bei sich hatten, blieb für immer verschwunden.

Als die reiterlosen Pferde in Langenfeld angekommen waren, begann man sogleich mit einer großangelegten Suche nach den Vermissten. Auch der Schäfer wurde vernommen. Doch seine Aussage, dass er zumindest eine Person deutlicher erkannt habe, konnte nicht auf die Spur der Täter führen.

Das Militär wollte nun ein Exempel statuieren, um eventuelle Nachahmungstäter abzuschrecken. Zur Strafe für den heimtückischen Mord sollte ein Mann aus Waldesch erschossen werden, der durch das Los ermittelt wurde. Es war ein älterer Familienvater, der wegen seiner späten Heirat eine noch sehr junge Frau und vier kleine Kinder zu versorgen hatte. Als das schreckliche Los in Waldesch bekannt wurde, war die Empörung sehr groß. Die schlimme Kunde verbreitete sich wie ein Lauffeuer in dem Ort.

»Das darf doch nicht geschehen, den unbescholtenen Familienvater und Ernährer seinen Lieben wegzunehmen!«, sagten die einen.

Andere mutmaßten: »Das waren bestimmt französische Soldaten, die ihre eigenen Leute überfallen haben, um des Geldes habhaft zu werden!«

»Genau, die kannten den Weg des Geldtransportes, und jetzt soll ein Unschuldiger dafür sterben. Verdammter Krieg, verdammte Ungerechtigkeit!«

Abends versammelten sich daraufhin alle Pfarrangehörigen in der Dorfkirche, um durch Gebete das grausame Schicksal abzuwenden. Aber es ergab sich nichts, was auf eine Sinnesänderung der Besatzer hätte schließen lassen.

Der Tag der Exekution war angebrochen. Es war noch frühmorgens, die Sonne war gerade aufgegangen, als ein Trupp französischer Soldaten in das Haus des Delinquenten kam, ihm die Hände band und ihn wortlos hinausführte. Die junge Frau stand weinend an der Tür, die vier kleinen Kinder neben und vor ihr. Stumm beobachteten sie, wie ihr Vater vor den schwerbewaffneten fremden Männern hergehen musste. Sie konnten noch nicht begreifen, was da geschah.

Die Hinrichtung sollte an der Stelle erfolgen, an der Claude und Juliene ihren Tod gefunden hatten. Die ganze Pfarrgemeinde folgte schweigend oder betend. Pfarrer Menges hatte seinen Kopf geneigt und vermittelte den Eindruck, als würde er zu seiner eigenen Hinrichtung hinausgeführt.

Dann war die Stelle erreicht, an der das Urteil vollstreckt werden sollte.

»Haltet ein, einen Augenblick bitte!«, sprach jetzt der Pfarrer. »Unrecht ist geschehen, als eure Kameraden bei einem Überfall ihr Leben lassen mussten. Niemand weiß, wer es gewesen ist. Ihr glaubt natürlich, dass einer von uns es gewesen sein muss. Das kann ich gut verstehen. Dafür fordert Ihr Genugtuung. Doch seht, wer dort steht. Es ist ein Familienvater, der vier Kinder und eine junge Frau zu versorgen hat. Er soll sterben, und vier andere Menschen werden mit in das Verderben gestürzt, das sie nicht verdient haben. Was soll denn aus der

Familie werden? Lasst den Mann leben, den unglücklicherweise das Los getroffen hat und nehmt mich an seiner Stelle. Lasst den Familienvater frei. Ich habe für niemanden zu sorgen. Bitte, freundet euch mit diesem Gedanken an!«

Damit beendete der Pfarrer seine eindringliche Rede und wandte sich wieder seiner Pfarrgemeinde zu.

Ein Raunen ging durch die Menge. Jeder blickte jeden an, und einigen Alleinstehenden sprach das schlechte Gewissen aus den Augen. Gab es doch zahlreiche andere, die sich in gleicher Situation befanden wie der Pfarrer; nur keiner hatte den Mut aufgebracht, sich derart zu entscheiden.

»Herr Pfarrer, wir müssen uns erst einmal beraten und absprechen!«, sagte der Anführer des Kommandos.

Es dauerte aber nicht lange, da war die Entscheidung gefallen: »Gut, wir sehen ein, dass Eure Argumente nicht schlecht sind. Wir sind einverstanden. Tauscht die Plätze!«

Es blieb nicht mehr viel Zeit, sich von seinen Gläubigen zu verabschieden, denn die Vollstreckung sollte nun nicht mehr allzu lange hinausgezögert werden. In diesem Moment hörte man Pferdehufe, die sich aus der Richtung »Herresholz« schnell näherten. Es waren zwei französische Offiziere. Sie hielten an und fragten: »Was geht hier vor? Was bedeutet diese Versammlung?«

»Eine Hinrichtung soll hier erfolgen. Der Pfarrer will sein Leben für den Bauern dort drüben opfern!«, erklärte der Anführer des Hinrichtungskommandos.

»Gut!«, sagte der eine Offizier, »tut eure Pflicht, und wartet nicht zu lange!« Mit diesen Worten gaben beide ihren Pferden die Sporen und preschten davon.

Aber sie kamen nicht weit, denn der andere rief mit einem Male: »Halt an! Warte!«

Beide zogen so heftig an den Zügeln, dass die Pferde sich laut wiehernd aufbäumten.

»Was hast du?«, fragte der erste.

»Hast du das eben richtig mitbekommen?«, sagte der andere. »In dieser Zeit des Krieges, in der jeder nur für sich einen Weg sucht, um ungeschoren alles zu überstehen, da ist einer bereit, für einen anderen zu sterben? Welch ein Großmut! Solche Menschen dürfen nicht sinnlos sterben!«

»Ihr habt recht! Schnell, es ist noch nicht zu spät. Ich habe noch keine Schüsse gehört. Wir müssen ihn retten!«, sagte der erste.

Ja, beide hatten den gleichen Gedanken. So schnell, wie ihre Pferde sie nur tragen konnten, kehrten sie zu der Hinrichtungsstätte zurück. Schon von weitem riefen sie: »Haltet ein, nicht schießen! Wartet auf uns!«

Alle glaubten zunächst, die Offiziere wollten nun selbst die Hinrichtung vollziehen, aber da hatte man sich in ihnen getäuscht.

Ein Offizier sprang vom Pferd, dass der Staub nur so aufwirbelte, erhob die Hand, dass alle schweigen und auf seine Worte hören sollten. Dann sprach er: »Der Mut eures Pfarrers hat uns beeindruckt. Wir sind schon lange im Krieg, weit weg von unseren Familien und haben so etwas in diesen Zeiten noch nicht erlebt. Ein solches Beispiel für Menschlichkeit erkennen wir hoch an. Er ist frei!«

Kaum hatte der Offizier diese Worte gesprochen, brach die Menge in lauten Jubel aus. Die Menschen fielen sich um den Hals und weinten vor Freude. Gerührt betrachteten die beiden Retter das Treiben.

Als man sich auch bei ihnen bedanken wollte, waren die beiden schon verschwunden. Man sah nur noch eine Staubwolke und hörte das Geräusch von Pferdehufen.

DER TEUFEL UND DIE KARTENSPIELER

DER TEUFEL IM WEINBERG

Ein milder Herbst hatte einen heißen Sommer abgelöst, der die Trauben in den Weinbergen verwöhnt hatte und pralle Reben hatte heranwachsen lassen.

Jetzt war die Zeit gekommen, in der die Früchte vor unbefugtem Zugriff geschützt werden mussten, denn allzu oft machten sich Menschen den Spruch der Bibel in abgewandelter Form zu eigen: »Wir säen nicht und ernten doch!« Besonders in weit abgelegenen Lagen mussten daher die Früchte bei Tag und Nacht bewacht werden.

Die Abtei Maria Laach hatte in der Nähe der Burg Wernerseck im Nettetal einige Weinberge. Und der Abt hatte seinem Kellermeister die Anordnung gegeben, zuverlässige Knechte einzuteilen, die die Bewachung übernehmen sollten. Sie sollten nicht nur Diebe verjagen, sondern auch Vögel.

Eine einfache hölzerne Hütte diente den Knechten bei Tag als Schutz vor Regen und Wind, und in der Nacht hielt sie ein wenig die Kälte ab.

Bereits drei Nächte hatten zwei Knechte im Weinberg gewacht und nichts Außergewöhnliches festgestellt. Einerseits hofften sie insgeheim, es möge nichts geschehen; denn es war nicht ganz ungefährlich, bei Dunkelheit einem Eindringling zu begegnen; andererseits erwies sich ihr Auftrag als äußerst langweilig.

Die vierte Nacht war gerade angebrochen. Der eine Knecht hatte sich in der Hütte niedergelassen und Schutz vor der Kühle gesucht. Der andere stand davor und beobachtete gähnend den Weinberg. Nebelschwaden zogen vom Tal herauf und verdeckten zeitweise die Sicht. Dann waren wieder die Lichter in den Häusern im Tal zu sehen. Der Knecht fror, und die Feuchtigkeit legte sich auf seine Kleidung. Nichts regte sich in der Umgebung; die Nacht war totenstill, und es hatte den Anschein, als würde sie genauso verlaufen wie die drei vorangegangenen.

Der Knecht sprach leise zu sich selber: »Verdammt, warum muss ich hier stehen? Könnte das nicht auch ein anderer? Dann könnte ich endlich schlafen oder ins Wirtshaus gehen!«

Kaum hatte er diese Worte ausgesprochen, da raschelte es hinter ihm in den Weinstöcken. Der Knecht wandte sich um, konnte aber nichts erkennen. Dann hörte er Schritte auf dem steinigen Weinbergboden. Der Knecht überlegte, ob er seinen schlafenden Mitbewacher wecken sollte; er wusste ja nicht, wer sich da näherte.

Aber er kam mit seiner Überlegung nicht weit, denn sogleich hörte er eine Männerstimme, die ihn aus dem Dunkel ansprach: »Für einen guten Lohn übernehme ich deine Wache!«

Der Knecht versuchte angestrengt, jemanden zu erkennen, doch die Person, der die Stimme gehörte, blieb unsichtbar. So fragte der Knecht: »Wie soll denn dein Lohn aussehen, ich habe doch selbst kaum etwas?«

»Nur ein Korb reifer Trauben, sonst nichts«, war die Antwort.

Als der Knecht das vernahm, freute er sich. Trauben waren reichlich vorhanden. Und den Verlust würde niemand bemerken, dachte er.

Er ging also auf den Handel ein, das Angebot war zu verlockend.

»Ich werde meine Pflicht zu deiner vollsten Zufriedenheit erfüllen!«, versprach der Fremde; und mit hämischer Stimme ergänzte er: »Jedem, der den Weinberg betritt, werde ich den Hals umdrehen!«

»Das ist gut!«, sagte der Knecht, »mein Auftraggeber wird sich über meinen Eifer und mein Pflichtbewusstsein freuen!«

»Ja, aber«, wandte der Fremde, der sich noch immer nicht gezeigt hatte, ein, »da ist noch etwas!«

Der Knecht fürchtete schon um die eben gemachte Vereinbarung.

»Nein, nein, keine Angst!«, sagte der Fremde. »Es bleibt bei unserer Abmachung, aber ich hätte meinen Lohn schon gern im voraus! Ist das zu viel verlangt?«, fragte der Unsichtbare.

»Nein!« Der Knecht war erleichtert. »Das geht, lasst mich nur machen!« In großer Hast pflückte er einen Korb, den er in der Hütte gefunden hatte, voll mit Trauben und stellte ihn an der Stelle ab, wo er die Stimme gehört hatte.

In diesem Moment – der Knecht glaubte, seinen Augen nicht trauen zu können – schwebte der Korb, wie von unsichtbarer Hand geführt, davon.

Der Knecht war zufrieden. Er ging zu seinem Kameraden, der in der Hütte lag und noch immer schlief. »Ich gehe nach Hause, ich habe einen Vertreter gefunden. Schlaf weiter, es ist alles in Ordnung!«, sagte er. Und noch bevor der andere begreifen konnte, was eigentlich geschehen war, eilte er mit großen Schritten den Weinberg hinab. Es war früh genug, um noch rechtzeitig in die Wirtschaft zu gelangen.

Der Knecht hastete über Steine und Mauern und rutschte gelegentlich auf dem feuchten Untergrund aus, so eilig hatte er es.

Der Kellermeister, der unten im Dorf wohnte, wo auch das Wirtshaus stand, fand in dieser Nacht keinen Schlaf. So begab er sich in die frische Nachtluft, die ihn ermüden sollte. Doch da kam ihm mit einem Male der Knecht, den er selbst für die Nachtwache eingeteilt hatte, frohen Mutes entgegen. Der Kellermeister traute seinen Augen kaum: So schnell hatte er den Knecht sich noch nie bewegen sehen. Und noch bevor der ein Wort der Begründung für seine offensichtliche Pflichtvergessenheit herausbringen konnte, hatte der Kellermeister schon eine Holzlatte aus einem Zaun herausgebrochen und schlug damit auf den Knecht ein. Dieser wusste jetzt keinen anderen Rat, als wieder zum Weinberg hinaufzulaufen, um dort in der Hütte Schutz zu suchen. In der Not und Eile dachte er nicht mehr daran, was er kurz zuvor mit dem Fremden vereinbart hatte.

Der Knecht, der wesentlich jünger war als der Kellermeister, hatte diesen schnell hinter sich gelassen und den Eingang zum Weinberg erreicht. Kaum hatte er das Grundstück betreten, da wurde er von zwei starken Händen am Hals gefasst. Er versuchte sich zu wehren, aber es wollte ihm nicht gelingen. Zu stark war der Griff. Mit einem lauten Knacken wurde ihm das Gesicht auf den Rücken gedreht und das Genick gebrochen. Der Knecht fiel tot zu Boden.

Am nächsten Morgen fand der zweite Knecht die Leiche, die ihn mit starrem Blick und schmerzverkrampftem Gesicht anblickte, zwischen den Rebstöcken liegen, und er berichtete dem Kellermeister von dem seltsamen Vertreter, von dem der andere Knecht am Abend zuvor erzählt hatte.

Niemand konnte sich einen Reim darauf machen, aber alle nahmen an, dass der Teufel die Hand im Spiel hatte.

DER TEUFEL ALS KARTENSPIELER

Es war vor langer Zeit während der Christnacht in Zermüllen. Draußen war es klirrend kalt, und es hatte heftig geschneit, so dass die Eifellandschaft rechtzeitig ein festliches Weihnachtskleid erhalten hatte. Einige Männer saßen zu dieser Stunde noch im Wirtshaus, anstatt zu Hause mit der Familie Heiligabend zu begehen. Der dicke Wirt war auf seinem Schemel hinter der Theke bereits eingenickt und erwachte nur, wenn einer der Kartenspieler nach einer neuen Runde verlangte. Die Luft im Gastraum war durch den Pfeifenrauch so dick und undurchsichtig geworden, dass die Spieler gerade noch ihr Blatt auf der Hand erkennen konnten. Auf den Gedanken, die Tür oder das Fenster zu öffnen, um die frische Winterluft einzulassen, kam niemand; außerdem wäre es dann wirklich zu kalt geworden.

Dann, zu vorgerückter Stunde, ging mit einem Male die Tür auf, dass die Schneeflocken wild in den Gastraum wirbelten; ein Fremder trat langsam herein. Er war eingehüllt in einen langen schwarzen Mantel, der bis zum Boden reichte. Am Saum hatte sich ein dicker Streifen Schnee und Eis gebildet. Der große schwarze Hut verdeckte fast sein ganzes Gesicht.

Es war ungewöhnlich, dass an diesem Abend und zu dieser Stunde ein Fremder noch den Weg in die Gaststube fand. Wanderer waren eigentlich nicht mehr unterwegs. Nur Einheimische aus dem Dorf verließen jetzt noch ihre Häuser, um bei Freunden oder Verwandten Weihnachtsvorbereitungen zu treffen. Aber in diesem Moment machte sich niemand weiter Gedanken über den Fremden und dessen Herkunft.

Zielstrebig ging dieser zu dem Tisch der Kartenspieler, setzte sich auf einen freien Platz und fragte, ob er mitspielen dürfe. Keiner hatte etwas einzuwenden; und im Verlauf der kommenden Spiele gefiel es den anderen besonders, dass der Fremde nur verspielte und sein Geld unter ihnen aufteilen musste.

Das ging so eine Stunde lang. Dann wandte sich das Blatt mit einem Male. Das Glück war jetzt auf der Seite des Fremden. So sehr die anderen auch fluchten und schimpften, das zuvor gewonnene Geld floss unaufhaltsam auf die Seite des Fremden; und bei jedem Fluch ging ein freudiges Lächeln über das sonst finstere Gesicht des geheimnisvollen unbekannten Mitspielers, der kein Wort sprach.

Jetzt hatte die anderen das Spielfieber erfasst. Niemand wollte nun mehr nach Hause oder in die Christmette gehen. Sie waren nur bestrebt, ihr Geld zurückzuerlangen. In jedem neuen Spiel schöpften sie Hoffnung. Aber jedes Mal wurden sie erneut enttäuscht, wenn der Fremde alle Münzen auf seine Seite herüberzog. Das konnte doch nicht mit rechten Dingen zugehen!

Es war schließlich eine halbe Stunde vor Mitternacht. Vor lauter Spieleifer war einem Bauern eine Karte beim Sortieren aus den schon müden Fingern gerutscht und auf den Boden unter dem Tisch gefallen. Als er sich schwerfällig und nach Luft ringend danach bückte, um sie aufzuheben, erblickte er unter dem Tisch, dass der Fremde nicht zwei gleiche Stiefel trug, sondern links einen Pferdefuß hatte. Der Bauer traute seinen Augen kaum und blickte nochmals gespannt auf das ungleiche Fußpaar; natürlich wusste er sofort, was das zu bedeuten hatte. Es wurde ihm schlagartig klar, wer ihr Mitspieler war. Hatte der Fremde sich zunächst in ihr Vertrauen geschlichen und sie gewinnen lassen, so nahm er ihnen jetzt alles Geld ab, um dann am Ende vielleicht ihre Seelen mitzunehmen.

»Jetzt ist allerhöchste Eile geboten«, dachte der Bauer, »ich weiß genau, wer da mitspielt! Ich wollte es nie glauben, dass der Leibhaftige selbst erscheinen könnte. Jetzt ist er da!« Ihm wurde bewusst, dass zur Mitternacht, der Stunde von Christi Geburt, der Teufel die Kartenspieler mit in die Hölle nehmen würde.

Doch der Bauer, der die Gefahr erkannt hatte, bewahrte die Ruhe, denn er wollte sich und seine Mitspieler vor diesem Schicksal retten. Nach dem nächsten Spiel, das ebenfalls der Teufel gewonnen hatte, sagte er: »Ich muss einmal kurz an die frische Luft! Erst dann kann ich mit frischen Kräften weiterspielen. Es ist hier drinnen so verqualmt, dass ich keinen klaren Gedanken mehr fassen kann!«

Die anderen waren damit einverstanden, mahnten aber zur Eile.

Der Bauer eilte schnell zum Pfarrhaus, um dem Pastor alles zu berichten und einen Rat für das weitere Verhalten zu bekommen.

»Das darf doch nicht wahr sein!«, schimpfte der Pastor. »In der Heiligen Nacht spielt ihr Karten, anstatt euch auf die Geburt Christi zu besinnen!«

»Ihr habt ja recht, Herr Pastor!«, sagte der Bauer, »aber schimpft bitte später mit uns, bedenkt, wer dort an unserem Spieltisch sitzt!«

»Ja, das stimmt!«, sagte der Pastor. »Geh' nach Hause, ich gehe für dich jetzt in die Wirtschaft. Ich werde das schon in Ordnung bringen. Schließlich weiß ich, wie ich mit solchen Spielern umzugehen habe!« Der Pastor eilte nun in die Wirtschaft, und beim Betreten der Gaststube sagte er laut und deutlich: »Die frische Luft hat mir gutgetan, wir können jetzt weiterspielen!«

Gleichzeitig bemerkte er, dass ihn die anderen Bauern leichenblass anblickten, denn sie hatten zwischenzeitlich auch bemerkt, wer der Fremde in ihrer Runde war. Sofort erkannten sie den Pastor, ließen sich aber nichts anmerken. Sie schöpften nun neuen Mut, ihre Seele doch noch im letzten Moment retten zu können.

Der Teufel, der nur auf seinen kurz bevorstehenden Erfolg bedacht war, bemerkte zum Glück nicht, dass jetzt ein anderer Mitspieler in der Runde saß.

Die Karten wurden gemischt und neu ausgegeben. Der Pastor hob aber nur die Karten auf, die ein Kreuz aufwiesen. Dann zog er aus seiner Hosentasche einen Rosenkranz und hielt dann plötzlich die Karten zusammen mit dem Rosenkranz dem Teufel, der ihm gegenübersaß, vor das Gesicht.

Als der dieses erblickte, sprang er auf, dass der Stuhl in die Ecke flog, und stieß einen markerschütternden Schrei aus. Im gleichen Moment stürmte er zur Tür, riss diese auf und rannte so schnell er nur konnte in die eisige Winternacht hinaus. Ein beißender Schwefelgeruch machte sich in der Gaststube breit, der noch am zweiten Weihnachtstag zu riechen war.

Der Pastor nahm die Karten und warf sie in das Kaminfeuer. »Ihr habt noch einmal Glück gehabt!«, sagte er mahnend. »Wer mit des Teufels Gebetbuch spielt, kann schnell seine Seele verlieren!«

DIE MAGD UND DAS TOTENHEMD

Es war eine laue Nacht, damals im Juni. Der Vollmond stand leuchtend am tiefschwarzen Nachthimmel, einige Wolken zogen rasch an ihm vorüber, andere bedeckten ihn nur kurz und ließen dann wiederum das weiße Licht auf die Eifellandschaft und den Ort Beinhausen hinabscheinen.

Nach harter Wochenarbeit im Stall und auf den Äckern hatten sich sechs Bauern des Ortes und aus der Umgebung in der Wohnstube von Nikolaus Weber versammelt, um beim gemeinsamen Kartenspiel zu entspannen; so wie sie es jeden Sonnabend taten, jahrein, jahraus.

Die Karten wurden gemischt und ausgegeben, und jeder der Mitspieler setzte ein geheimnisvolles Gesicht auf, um bei den anderen Neugier, Unsicherheit oder auch Leichtsinn hervorzurufen. Reichlich Brot, Bier und Schnaps sorgten für das leibliche Wohl. Gertraud, die Magd, hatte auch an diesem Abend wieder die Aufgabe, darauf zu achten, dass die leeren Gläser immer wieder schnell gefüllt wurden und stets Brot auf dem Tisch stand. Das spannende Spiel sollte keinesfalls darunter leiden, dass einen der leidenschaftlichen Spieler der Hunger oder Durst plagte.

Die Karten klatschten auf die blanke Platte des Eichentisches, Münzen wurden hin- und hergeschoben und erreichten jeweils den Gewinner der Runde. Immer wieder wurden die Gläser nachgefüllt, und der dichte Rauch aus den Pfeifen schwängerte die Luft des Raumes.

Zwei Stunden vor Mitternacht hatten alle so viel Bier und Schnaps getrunken und sich die Köpfe heiß gespielt, dass nun ein konzentriertes Spielen nicht mehr möglich war. Einer warf mit einem Male seine Karten offen hin; und als sei dies ein Zeichen gewesen für die anderen, flogen in schneller Folge alle Karten durcheinander auf den Tisch.

Nun begann der erste, eine Geschichte zu erzählen, eine Geschichte, wie sie keiner selbst erleben wollte: mit Werwölfen, Geistern und Hexen. Die anderen lauschten mit Spannung. Das schummrige Licht verbreitete eine gespenstische Atmosphäre, und der immer dichter werdende Qualm der Pfeifen schwebte im Raum wie Nebel in der Nacht über den einsamen Eifelwäldern, in denen die Geschichte spielte. Der Erzähler legte lange Pausen ein, um die Spannung in die Höhe zu treiben. Die Gesichter aller Anwesenden waren gerötet, teils vom Alkohol, aber auch vor Aufregung. Gertraud, die Magd, stand in einer Ecke des Raumes und spürte einen kalten Schauer nach dem anderen über ihren Rücken laufen, ihre Finger drehten unaufhörlich am Schürzenband. Ihr Herz schlug so heftig und laut, dass sie fürchtete, man könne es hören. Und jetzt blickte sich der eine, er hieß Friedrich, um und entdeckte die Magd; er rief mit lauter Stimme: »Gertraud, komm her, komm mal zu mir!« Es war mit einem Male totenstill in der Stube. Die Turmuhr der Kirche schlug gerade elf Uhr. Die Stubenuhr folgte ihr im kurzen Abstand mit dumpfem Schlag. Voller Erwartung blickten die Männer auf Gertraud, die sich langsamen Schrittes zu dem Tisch hinbewegte. Das Flackern der Kerzen ließ die Gesichter in einem unruhigen Licht erscheinen, mal heller, mal dunkler. Dann war Gertraud am Tisch angelangt. In diesem Moment fasste Friedrich sie um die Hüfte und fragte ohne Umschweife: »Willst du dir einen Taler verdienen?«

Es war nicht zu verkennen, dass Gertraud überlegte. Schließlich nickte sie, sagte aber kein Wort.

»Gut!«, sagte der Bauer. »Wenn ich mich mit einem Totenhemd über meiner Kleidung um Mitternacht auf den Kirchhof stelle, wagst du dann, es mir auszuziehen?«

Kaum hatte Friedrich diese Frage gestellt, da sprangen die Männer von ihren Stühlen auf und schlugen mit ihren Fäusten so heftig auf den Tisch, dass die Gläser nur so hochsprangen und klirrten; und wie ein Sommergewitter tönte das Trampeln der Füße.

Gertraud konnte in diesem Augenblick nicht antworten, so ein Getöse herrschte in der Stube. Welch eine Frage aber auch! Keiner hätte den Mut, um Mitternacht den einsamen Kirchhof aufzusuchen, und dann noch bei Vollmond, bei dem schon der eigene Schatten einen in Angst und Schrecken versetzen konnte!

Die Begeisterung hörte schnell auf, denn jedem war klar, dass ein Mädchen hierzu schon gar nicht in der Lage wäre. Alle setzten sich wieder auf ihre Stühle und tranken ihre Gläser leer, weil Gertraud mit einem Krug frischen Bieres vor ihnen stand und sogleich allen nachfüllte. Als sie nun zu Friedrich kam, der ihr die Frage gestellt hatte, sagte sie nur mit einem ernsten Gesicht: »Friedrich, in Ordnung, ich mache es!«

Die Männer glaubten, ihren Ohren nicht trauen zu können, und erneut brach lautes Gelächter los. Doch Nikolaus Weber beendete das amüsante Zwischenspiel und sagte zu seiner Magd: »Gertraud, geh' jetzt zu Bett! Es war doch nur ein Spaß. Vergiss ihn jetzt!«

Gertraud befolgte die Weisung ihres Herrn und verließ ohne Widerspruch mit gesenktem Haupt die Wohnstube.

Jetzt sammelte einer der Bauern die auf dem Tisch verstreuten Karten wieder zusammen, mischte sie mit schneller Hand und teilte sie dann unter den Mitspielern aus.

Mitternacht war schließlich längst vorüber, und Friedrich hatte von allen Mitspielern das größte Glück gehabt. Vor ihm auf dem Tisch lag eine große Menge Münzen, auf die er verschmitzt lächelnd hinabblickte.

Es war fast ein Uhr nachts, da knarrte mit einem Male die Stubentür. Langsam öffnete sie sich. Die Spieler, die das Geräusch vernommen hatten, verharrten und blickten teils erschrocken, teils erwartungsvoll durch den dichten Dunst zur Tür. Langsam schob sich eine Gestalt hinein, die zunächst keiner erkannte. Es war eine Frau mit zerzaustem Haar und gerötetem Gesicht. Erst beim Näherkommen fiel das Kerzenlicht auf die Gestalt, und alle erkannten Gertraud, die über ihrem rechten Arm ein Leichenhemd trug. Die Männer blickten sich fragend an. Sie hatten gar nicht mehr an Friedrichs Scherz gedacht. Ohne ein Wort zu sagen, ging Gertraud zu Friedrich hinüber, während die anderen jeden Schritt der Magd aufmerksam verfolgten.

»Hier ist das Hemd, Friedrich, gebt mir den Taler!« Das waren die einzigen Worte, die Gertraud sprach.

Der Bauer sprang auf, dass der Stuhl mit einem lauten Krachen auf den Boden fiel. Als wollte er die Magd mit dem Hemd weit von sich weghalten, streckte er seine Hände in ihre Richtung aus und rief mit hastigen Worten: »Bleib nur stehen, komm nicht näher!« Die Angst stand ihm deutlich ins Gesicht geschrieben. Schweiß rann glänzend von seiner Stirn, als hätte er starkes Fieber. Sein Gesicht war leichenblass, und er bekreuzigte sich mehrmals.

Gertraud konnte das Verhalten des Mannes, auf dessen Geheiß sie gehandelt hatte, nicht verstehen. Auch bei den anderen Männern war die Fröhlichkeit mit einem Male verschwunden. Sie blickten stumm auf das Totenhemd, das immer noch über dem Arm der Magd hing. Sie alle wussten, was die Magd aber nicht wissen konnte: Friedrich hatte in den letzten zwei Stunden die Stube nicht verlassen.

Gertraud kam nun näher zu Friedrich und sagte: »Hier ist dein Totenhemd!«

Friedrich konnte vor Angst kaum ein Wort herausbringen und flüsterte mit großer Mühe: »Wo hast du es her?« Und er blickte fragend und nach Hilfe suchend in die Runde seiner Kartenbrüder.

»Woher schon?«, erwiderte Gertraud, bei der sich jetzt ein Lächeln auf dem Gesicht bemerkbar machte. »Vom Kirchhof natürlich, vom Hilgerather Kirchhof!«

Aber diese Antwort konnte Friedrich keinesfalls beruhigen. Er beugte sich schnell über den Tisch, ergriff hastig den Branntweinkrug und nahm daraus einen großen Schluck. Die anderen saßen derweil immer noch wie versteinert am Tisch. Einige hielten noch die Karten in den Händen.

»Was habt ihr denn?«, fragte die Magd. »Haben wir nicht gewettet? Ihr habt mir nicht zugetraut, dass ich das Hemd vom Kirchhof hole. Gegen Mitternacht bin ich schnell nach Hilgerath zum Kirchhof. Und dann sah ich auch schon Friedrich auf dem Grab mit seinem Totenhemd. Schnell habe ich ihm das Hemd ausgezogen. Dann drehte ich mich nicht mehr um und bin weggelaufen. Jetzt bin ich hier und möchte meinen Taler!« Nach diesen Worten ließ sich Friedrich in einen Stuhl fallen und flüsterte mit leiser angsterfüllter Stimme, wobei seine Augen starr und weit geöffnet auf die Magd blickten: »Ich war nicht auf dem Kirchhof. Ich war hier. Wir haben Karten gespielt. Alle hier sind meine Zeugen. Ich war nicht in Hilgerath!«

Die Magd verstand nun nichts mehr. »Aber ich habe doch hier dein Leichenhemd!«, erwiderte sie und streckte es Friedrich entgegen.

Doch dieser zuckte zurück. »Geh weg, lass mich! Es ist nicht von mir!«

Jetzt erst begriff Gertraud, was sich auf dem Kirchhof zugetragen hatte. Die zunächst roten Wangen der Magd hatten nun eine leichenblasse Farbe angenommen. Auch sie sank voller Schreck und Entsetzen auf einem Stuhl nieder und rang nach Luft.

Einer der Kartenspieler schob ihr den Krug mit Branntwein herüber und meinte: »Trink erst einmal, das wird dir guttun!«

Aber Gertraud schob den Krug zur Seite, und während sie starr auf die Wand der Wohnstube blickte, fragte sie mit angsterfüllter Stimme: »Wer war das dann aber auf dem Kirchhof? o heilige Mutter Maria!« Als sie sich bekreuzigte, schlugen auch alle anderen im Raum hastig das Kreuzzeichen.

Keiner wagte ein Wort zu sagen, jeder blickte den anderen erwartungsvoll an, als würde er von ihm eine Antwort, die den Spuk aufklären sollte, erwarten.

»Wer war es denn, der da auf dem Grab stand?«, wollte Gertraud immer wieder wissen und blickte mit großen Augen in die Runde.

Stumm und achselzuckend schauten sich die anderen an, denn keiner wusste eine Antwort.

Jetzt sprang Friedrich plötzlich auf, warf einen Taler auf den Tisch und rief laut: »Gertraud, nimm den Taler, du kannst ihn brauchen. Ich bete für dich!«

Nach diesen Worten griff er nach seinem Stock und verließ wortlos den Raum, ohne sich nochmals umzusehen. Die Tür krachte ins Schloss, und Friedrich verschwand in der Nacht.

Auch die anderen hielten es jetzt hier nicht mehr länger aus. Sie erhoben sich und verließen einer nach dem anderen das Haus. Nur der Bauer Nikolaus und die Magd Gertraud blieben zurück.

Wie abwesend fragte Gertraud immer wieder: »Wer war das nur, wer war das nur? Was hat das alles zu bedeuten?«

Doch sie bekam verständlicherweise keine Antwort. Dann stand Gertraud auf und bewegte sich, als würde sie schweben, zu der Tür. Das Leichenhemd trug sie noch über ihrem rechten Arm. Nikolaus blickte ihr stumm nach; und als die Magd das Zimmer verlassen hatte und die Tür ins Schloss fiel, bekreuzigte er sich mehrmals.

Früh am nächsten Morgen begann der neue Arbeitstag für die Magd. Noch in der Dämmerung begann sie ihr Tagewerk im Stall. Sehr müde war sie noch, denn in der vergangenen ereignisreichen Nacht hatte sie kaum Schlaf gefunden. Immer wieder sah sie in Gedanken die Person mit dem weißen Leichenhemd auf dem Grab vor sich.

Gertraud vertiefte sich an diesem Tag in ihre Arbeit, um etwas Ablenkung zu finden. Den anderen ging sie bewusst aus dem Weg.

Müde begab sie sich schon im ersten Abendrot in ihre Kammer. Bevor sie sich in ihr Bett legte, berührte sie die Bibel und ein kleines Holzkreuz, das sonst über der Kammertür hing, aber seit gestern Nacht auf dem zusammengefalteten Leichenhemd lag. Andächtig bat Gertraud die Gottesmutter um Schutz. Danach schlief sie schnell ein.

Dann, es war kurz nach Mitternacht, wurde Gertraud plötzlich aus dem Schlaf gerissen. Irgendetwas schlug an ihr Fenster. Gertraud öffnete die Augen und blickte in die Richtung, aus der das Geräusch kam. Dann klirrte wieder etwas an die Scheibe. Vorsichtig erhob sie sich nun und bewegte sich langsam zu dem hölzernen Kruzifix, ohne das Fenster aus ihrem Blick zu lassen. Sie nahm das Kruzifix und drückte es fest an ihre Brust. Vorsichtig und ganz langsam näherte sie sich nun dem Fenster und blickte auf den vom Vollmond erhellten Hof hinunter.

Was sie dort unten sah, ließ ihr das Blut in den Adern erstarren. Dort unten, spärlich beleuchtet, stand ein weißes Totengerippe, dessen Kopf auf dem Rückgrat hin- und herwackelte. Beide Knochenarme streckten sich zu dem Fenster empor, hinter dem die Magd stand, so als wollten sie etwas in Empfang nehmen.

Mit zitternden Händen presste Gertraud das Kreuz an ihre Stirn und hielt dabei den Atem an. Dann hörte sie eine dumpfe Stimme in der Nacht, die flehentlich bat: »Gib mir mein Hemd zurück! Bring mir mein Hemd!«

Nach diesen Worten wandte sich das Gerippe um und taumelte in die dunkle Nacht zurück. Was dann geschah, daran erinnerte sich Gertraud später nicht mehr. Am nächsten Morgen wachte sie beim ersten Hahnenschrei auf. Sie lag auf dem Dielenboden ihrer Kammer unter dem Fenster, das Kruzifix noch immer fest in der Hand haltend.

In der folgenden Nacht erschien wiederum das Gerippe und streckte die weißen knochigen Arme in die Richtung des Kammerfensters. »Gib mir mein Hemd zurück, bring mir mein Hemd wieder!«, ertönte die Stimme des Knochenmannes.

Und im Morgengrauen erwachte Gertraud wieder vor dem Fenster auf dem Boden liegend und mit den Händen das Kruzifix fest umklammernd.

Dann verrichtete die Magd die ihr aufgetragene Arbeit und dachte andauernd an die kommende Nacht, in der das Gespenst wieder erscheinen würde. Irgendwie musste der Spuk doch ein Ende finden.

An diesem Abend begab sie sich zum Pfarrer von Beinhausen. Diesem erzählte sie ihre Erlebnisse. Dabei hatte sie ein schlechtes Gewissen; und das mit Recht. Denn der Pfarrer schimpfte heftig: »So etwas macht man nicht, was du da auf dem Kirchhof getan hast!«

Gertraud brach darauf in Tränen aus und wusste in diesem Moment nicht mehr ein noch aus. Sie hatte doch ihre letzte Hoffnung in die Hilfe und den Rat des Pfarrers gelegt, und nun schimpfte der so.

Aber der Pfarrer hatte ein Einsehen, fasste die Magd bei der Schulter und sprach: »Hör zu, es ist nicht einfach für dich, aber du musst das Hemd zurück auf den Friedhof bringen!«

Gertraud erschrak. »Alles, nur das nicht! Noch einmal auf den Kirchhof in der Nacht und ganz allein!«, rief sie laut.

»Das muss so sein!«, erwiderte der Pfarrer. »Nur du selbst kannst dem Spuk ein Ende bereiten!«

»Nein, ich habe Angst!«

»Es gibt keinen anderen Weg!«, sprach der Pfarrer, »oder willst du jede Nacht geweckt werden von einer armen Seele, die deinetwegen keine Ruhe finden kann? Kannst du das verantworten? Du brauchst keine Angst zu haben! Besorge dir einen Sack, steck eine schwarze Katze, einen Laib Brot und einen Klumpen Salz hinein. Wenn du alles auf den Kirchhof mitnimmst, wird dir nichts geschehen!« Dann segnete der Pfarrer sie.

Noch am selben Abend beschaffte sich Gertraud einen Sack, die schwarze Katze, den Laib Brot und den Salzklumpen und begab sich in ihre Kammer. Dort wartete sie aufgeregt in stillem Gebet. Dann schlug die Turmuhr elfmal.

Gertraud machte sich auf den Weg zum Kirchhof nach Hilgerath, den Sack über der Schulter. Obwohl die Nacht mild war, fror sie. Es war die Angst, die ihr die kalten Schauer über den Rücken trieb. Der leichte Wind schob Wolken vor den Mond, dann nahm er sie wieder mit, so dass die Nacht in unterschiedlichem Licht erschien.

Am Kirchhoftor angelangt, blieb Gertraud erst einmal stehen und wartete ab. Den Sack hielt sie mit der rechten Hand fest verschlossen, denn die Katze darin war äußerst unruhig. In der linken Hand trug Gertraud das Totenhemd.

Fast eine Stunde wartete sie in der Dunkelheit, bis sie vom fernen Kirchturm die Glocken hörte, die Mitternacht verkündeten. In diesem Moment schoben sich die Wolken vom Mond weg, so dass dieser sein ganzes Licht auf dem Kirchhof erstrahlen ließ. Und da war es auch schon: das Gerippe mitten auf den Gräbern. Seine tiefen Augenöffnungen erschienen heute noch dunkler und tiefer, und die zusammengebissenen Zähne wirkten bedrohlicher als zuvor. Und schon hatte das Gerippe die Magd erblickt, die noch immer vor der Pforte stand. Es erhob die rechte Hand und wies sie an, näherzukommen. Hierbei sprach es die bekannten Worte: »Bring mir mein Hemd, gib mir mein Hemd zurück!«

Gertraud erhob sich, ihre Knie zitterten, und langsam begab sie sich mitten auf den Friedhof zu dem Gerippe. Dieses warf einen langen Schatten über die anderen Gräber, so dass es unheimlich groß erschien. Jetzt stand sie ganz nahe vor ihm. Ein kalter, modriger Duft ging von ihm aus, und seine Bewegungen wirkten ungleich und kantig.

Gertraud hielt den Atem an, klemmte den Sack zwischen ihren Knien fest und warf dem Skelett schnell das Hemd über. Als sie sich umdrehen und den Kirchhof verlassen wollte, griff ganz plötzlich die knöcherne Hand zu und hielt Gertraud am Arm fest. Dröhnend und unheimlich drang eine dumpfe Stimme aus dem Totenschädel; dabei bewegte sich der Kiefer überhaupt nicht. »Du!«, und abermals: »Du!« Dann lachte das Gespenst laut, dass es nur so über den Kirchhof hallte.

In Todesangst gelang es Gertraud, sich loszureißen. Sie ließ den Sack samt Inhalt bei dem Skelett zurück und rannte um ihr Leben. Total erschöpft gelangte sie ins Dorf. Sie schloss sich in ihrer Kammer ein und wartete auf den ersten Hahnenschrei.

In der folgenden Nacht erwachte Gertraud wieder gegen elf Uhr. Sie wartete voller Ungeduld und Zweifel bis Mitternacht. Aber es blieb ruhig. Nichts rührte sich auf dem Hof. Der Spuk hatte ein Ende gefunden; genau so, wie der Pfarrer es vorhergesagt hatte.

FORST UND JAGD

GERÄUSCHE AUS DEM WALD

Förster Kunz übte schon eine lange Zeit seinen Dienst im Wald von Boos aus. Er war als äußerst gewissenhaft bekannt und rechnete jeden Klafter Holz, jeden Baumstamm mit seiner Herrschaft ab.

»Lieber genau und ehrlich und ein ruhiges Gewissen, als am Abend nicht in den Schlaf kommen!«, sagte er sich immer und freute sich, ein guter und gerechter Mensch zu sein.

In der letzten Zeit musste er aber immer wieder feststellen, dass Holz, das zum Abtransport zur Sägemühle bereitgelegt wurde, einfach nicht mehr aufzufinden war. Auch Bäume, die erst im nächsten Jahr gehauen werden sollten, waren spurlos verschwunden. Nur die unbrauchbaren Wurzeln zeigten den einstigen Standort.

»Was ist denn da los?«, fragte sich der Förster. »Hab' ich doch alles registriert, gezählt und aufgelistet, und dennoch geht die Rechnung nicht auf. Da stimmt doch etwas nicht!«

Bald darauf erschienen bei ihm Leute und berichteten von merkwürdigen Geräuschen im Wald zur Nachtzeit. »Es war vor einigen Nächten, als ich spät durch den Wald vom Nachbarort nach Hause ging!«, berichtete ein Mann dem Förster. »Es war vollkommen windstill und der Mond von dichten Wolken verhangen. Ich fand in jener Nacht meinen Weg nur, weil ich ihn kannte, so dunkel war es. Nur das Knirschen meiner Schritte war zu vernehmen. Dann glaubte ich plötzlich aus der Ferne das Schlagen einer Axt zu hören, so als würde ein Baum gefällt. Ich hielt inne, lauschte in die Richtung und ging ganz langsam auf Zehenspitzen dem Geräusch entgegen!«

»Hast du etwas gesehen?«, wollte der Förster sogleich wissen.

»Langsam, so weit bin ich noch nicht, Förster! Nach einigen Metern blieb ich wieder stehen und lauschte. Das Geräusch war lauter geworden. Ich war also in die richtige Richtung gegangen. Ich ging weiter, und das Schlagen wurde lauter und lauter, aber niemand und nichts war zu erkennen. Nach der Lautstärke zu urteilen, musste sich der Verursacher direkt vor mir befinden, nur ich sah nichts!«

»Wie kann denn jemand Holz hauen, wenn es stockdunkel ist?«, fragte der Förster. »Nach drei Hieben würde er sich selbst ins Bein schlagen!«

»Das versteh' ich auch nicht!«, war die Antwort. »Das geht bestimmt nicht mit rechten Dingen zu. Da ist ein Spuk im Wald, die Stelle ist nicht ganz geheuer!«

Der Förster ließ sich die Stelle im Wald ganz genau beschreiben.

Am nächsten Morgen in aller Frühe begab er sich dorthin. Nebelschwaden, die zwischen den hohen Fichten lagen, dämpften die ersten zaghaften Sonnenstrahlen. Der kräftige Schritt des Försters klang dumpf auf dem feuchten mit Tannennadeln und Moos bedeckten Boden.

»In der Tat!«, rief er aus, als er an der Stelle anlangte, die ihm der Mann beschrieben hatte, »in der Tat, hier ist ohne mein Wissen Holz gefällt worden! Wer kann das gewesen sein?«

Der Förster war sichtlich wütend bei dem Anblick der kahlen Stelle mitten im Wald.

»Na wartet!«, schimpfte er, wobei er seine geballte Faust drohend in Richtung des Kahlschlags streckte. »Euch Diebe werde ich lehren, Holz zu stehlen! Nicht in meinem Revier!«

Nach diesen Worten drehte er sich um und ging schnellen Schrittes zurück zu seinem Haus. Dabei überlegte er, wie er es anstellen konnte, hinter das Geheimnis der Holzdiebe zu kommen. Dabei gingen ihm die Worte des Mannes durch den Kopf.

»Vielleicht ist es doch ein Spuk«, dachte der Förster, »man hört ja so viele Dinge, die man nicht erklären kann.«

Aber gleich darauf dachte er: »Spuk, so ein Unsinn! Außerdem, was soll mir passieren! Ich bin stark, hab' ein Gewehr und einen großen Hund. Heute Abend werde ich den Dieben zeigen, wer klüger ist. Dann kommt die Stunde der Wahrheit!«

Es war Abend geworden. Die Sonne war hinter den dunklen Eifelbergen versunken.

Der Förster überprüfte sein Gewehr, zählte die Munition in seiner ledernen Riementasche und rief seinen Hund: »Rex, bei Fuß! Heute müssen wir noch einmal zur Nachtzeit hinaus. Holz verschwindet aus dem Wald, und ich muss sehen, wer dahintersteckt. Ich will mir keine Vorwürfe machen lassen, dass ich nachlässig bin!«, sprach er zu dem Hund, als würde der ihn verstehen.

Gegen elf Uhr verließen beide gemeinsam das Forsthaus. Es war zu dieser Zeit schon stockdunkel. Dennoch fanden sie den richtigen Weg ohne Mühe. Aufmerksam lauschten sie nach verdächtigen Geräuschen. Dann vernahm zuerst der Hund – er stellte seine Ohren auf – und dann gleich darauf der Förster das Schlagen einer Axt.

»Das ist es!«, flüsterte der Förster, »da schlägt Eisen auf Holz. Heute werden wir sie fassen!«

Langsam schlichen beide in die Richtung, aus der das Geräusch kam. Es wurde immer lauter. Plötzlich aber hielt der Förster inne. Kam eben noch das Geräusch von vorne, so war es jetzt auf einmal von links zu vernehmen, nein von rechts!

»Sind da mehrere beim Holzschlagen?«, fragte sich der Förster. Und sogleich war das Schlagen wieder von links zu vernehmen.

»Was soll denn das? Vorne, links, rechts. Soll denn der ganze Wald fallen?«

Das Schlagen von allen Seiten wurde jetzt auch lauter, und der Förster fühlte mit einem Male das Unheimliche überall.

»Ich glaube, meine Rechnung geht nicht auf. Eine ganze Horde, das ist zu viel für mich. Aber wer ist das? Ich sehe nichts und niemanden. Nur diese eindringlichen Geräusche. Sie werden lauter, sie kommen näher!«

Der Förster fühlte sich so bedrängt, dass er das Gewehr von seiner Schulter riss und mehrere Schüsse abfeuerte. Der laute Knall vermischte sich mit dem Flügelflattern der Nachtvögel, die plötzlich aufgeschreckt wurden. Pulverdampf verpestete die klare Waldluft.

Nun hörte der Förster nichts mehr, aber nur deshalb, weil die Schüsse ihn für kurze Zeit taub gemacht hatten.

»Ich weiß nicht, wer es ist und wie viele es sind!«, sagte er leise zu sich selbst, »ich muss vorsichtig sein nach allen Seiten. Aufmerksamkeit ist hier oberstes Gebot!«

Kaum hatte er das letzte Wort über die Lippen gebracht, da stand plötzlich und unerwartet eine große Gestalt vor ihm. Aus dem vollkommenen Dunkel, aus dem Nichts war sie aufgetaucht. Der Förster erschrak, dass ihm das Blut in den Adern erstarrte. Und selbst sein Hund wich zurück und suchte winselnd Schutz zwischen den Beinen seines Herrn. Die Gestalt baute sich bedrohlich vor dem Förster auf und blickte ihn mit durchdringenden Augen an. Dem Förster hatte es die Stimme verschlagen. Er starrte nur auf das vor ihm stehende Ungetüm.

Dann begann die fremde Gestalt zu sprechen: »Förster, lass dir raten, komm nie mehr in deinem Leben nachts in den Wald. Das ist ein Rat, den du befolgen solltest. Wenn nicht, dann ist das dein Ende! Nimm die Warnung ernst!«

Die Drohung war klar und eindeutig. Der Förster nahm sein Gewehr über die Schulter; und ohne ein Wort zu sagen wandte er sich um und ging mit seinem Hund zurück zu seinem Haus.

Seither ist er nie wieder nachts in den Wald gegangen. Und wenn er es doch einmal vorhatte, erinnerte er sich an die letzten Worte des Spukes: »Das ist dein Ende!«

DAS WALDGESPENST

Einst lebte in Dahlem ein Pastor aus adeligem Geschlecht. Er hatte aber als Nachgeborener kein nennenswertes Erbe zu erwarten. Darum entschied er sich einst für das Priesteramt, zumal er schon von Kindheit an geistigen Dingen zugetan war. Nach erfolgreich abgeschlossenem theologischen Studium wurde er zum Priester geweiht.

Eine Leidenschaft allerdings, eine verhängnisvolle, wie sich später herausstellen sollte, hatte er von seinem Vater und seinen Vorfahren geerbt. Der Pastor begab sich, sooft es seine Zeit erlaubte, auf die Jagd. Später tat er dies sogar auch dann, wenn er andere Verpflichtungen hatte. Wenn die Zeit drängte und draußen die Jagdhörner erklangen, wurde sehr oft die heilige Messe verkürzt oder vorzeitig abgebrochen, weil der Pastor unbedingt mithalten wollte.

»Die Orgel ist ein wunderbares Instrument zum Lob Gottes, die Waldhörner stehen ihr aber in keiner Weise nach!«, sagte er immer und rechtfertigte somit sein Handeln.

Den männlichen Mitgliedern der Gemeinde gefiel der Pastor. Seine Messen dauerten nicht zu lange, die Predigten waren kurz gefasst und bestanden zumeist aus kernigen und männlichen Worten. Und auch an ihrem Leben und übermäßigem Trinken nahm der Pastor keinen Anstoß; ganz im Gegensatz zu den Frauen, die ihre Männer deshalb ständig ermahnten.

Nur für eines hatte der Pastor überhaupt kein Verständnis: »Wer im Wald wildert und den Tieren ohne Erlaubnis nachstellt, dem gebührt die höchste Strafe!«, mahnte er. »Alles muss seine Ordnung haben. Wehe dem, der sich auf diese Weise seinen Braten zu beschaffen versucht!« Aber auch bei den Frauen überwog die Sympathie für den Pastor. Kaum ein Tag verging, an dem er nicht den Armen und Kranken seiner Kirchengemeinde einen Korb mit Brot, Wein und selbsterlegtem Wild überbringen ließ. Und auch als Arzt für kleinere tägliche Gebrechen und Zipperlein erwies sich der Pastor als hilfreich und brauchbar.

So ging das über viele Jahre hinweg, ohne dass nennenswerte Beanstandungen laut wurden.

Aber schließlich übermannte die Jagdleidenschaft den Pastor mehr und mehr. Immer häufiger erschien er morgens nicht zur heiligen Messe, weil er bereits im Morgengrauen dem Wild auflauerte. Dann wurden vom Küster einige Gebete gesprochen, und die Leute mussten wieder nach Hause gehen. Sehr oft begann die Messe aber auch verspätet.

Nun wurden auch die Gläubigen unzufrieden, und immer häufiger wurden Stimmen laut: »So geht das nicht weiter mit unserem Herrn Pastor! Eines Tages kommt er überhaupt nicht mehr in die Kirche und bleibt für immer draußen bei seinem Wild. Da muss etwas geschehen!«

Der Unmut gelangte auch zu Ohren der Sendschöffen. So wurde eines Tages dem Pastor mitgeteilt, dass er sich doch mehr um das Seelenheil seiner Gemeinde kümmern möge und seine Jagdleidenschaft erheblich einschränken solle.

»Was geht es Euch eigentlich an, wie ich meine Schäfchen betreue?«, reagierte der Pastor. »Wie ich meine Gläubigen führe und leite und das Wort Gottes verkünde, ist einzig und allein meine Sache! Ich rate Euch, lasst mich walten, haltet Euch da heraus und erwähnt nie wieder meine Handlungsweise!«

Wenige Tage darauf, es war schon später Abend, eilte eine Frau aus dem Dorf laut klagend und weinend zum Pastorat: »Herr Pastor, kommen Sie schnell, meinem Mann geht es schlecht. Ihr müsst ihm helfen!«, rief sie, noch bevor sie die Tür des Hauses erreicht hatte. Sie betätigte mehrmals aufgeregt den Türklopfer, rappelte an der Klinke der verschlossenen Tür, aber niemand öffnete ihr. Der Pastor war wieder einmal im Wald, er konnte nicht öffnen. So lief die Frau zum Küster und bat ihn um Hilfe.

»Ich habe es mir gedacht, dass der Herr Pastor wieder zur Jagd ist. Immer, wenn man ihn einmal dringend benötigt, ist er nicht da!«, murrte der Küster. »Ich werde ihn mit einigen Männern im Wald suchen lassen und ihm ausrichten, dass er auf dem schnellsten Weg zu euch nach Hause kommen soll!«, sagte er tröstend.

Sie suchten die halbe Nacht, riefen und schwenkten die mitgeführten Laternen in der Dunkelheit. Dann, kurz vor dem Morgengrauen, fanden sie den Pastor.

»Da seid Ihr ja, Herr Pastor! Wir haben lange vergeblich auf Euch gewartet und dann stundenlang nach Euch gesucht. Kommt schnell, dem Klas Zimmer geht es sehr schlecht. Ihr müsst ihm helfen!«

Wertvolle Stunden waren vergangen, seit Klas Zimmer den Anfall erlitten hatte. Jetzt kam jede Hilfe zu spät. Der Pastor konnte ihm nur noch die letzte Ölung erteilen.

Nach diesem Ereignis wandten sich die Sendschöffen an den Erzbischof in Köln. Sie baten darum, ihrem Ort einen anderen Pastor zuzuteilen, der seine seelsorgerische Aufgabe ernst nehme und seine Zeit in der Kirche und im Beichtstuhl bei den Gläubigen verbringe und nicht überwiegend im Wald bei Hirsch und Hase.

Mit Spannung erwartete man die Antwort aus Köln. Diese ließ aber auf sich warten.

In der Zwischenzeit neigte sich das Jahr seinem Ende entgegen. Die Herbststürme hatten schon die letzten Blätter von den Bäumen geholt, und die Nächte wurden jetzt dunkler und länger.

Schließlich stand das Weihnachtsfest vor der Tür. Und eines Nachts war das Grau des Spätherbstes durch das Weiß des glitzernden Schnees abgelöst worden.

Der Pastor öffnete die Fensterläden des Pastorats, und strahlender Sonnenschein und ein frischer Morgen begrüßten ihn.

»Das ist ja das beste Wetter für eine Saujagd!«, war sein erster Gedanke. »Nur gut, dass ich für heute nach der Messe einen Waidgang durch den Kirchwald vorgesehen habe.«

Die kleine Kirche des Ortes war bis auf den letzten Platz vollbesetzt. Sogar ganz hinten, unter der Chorempore, standen die Gläubigen dicht gedrängt, um der feierlichen Christvesper beizuwohnen.

Bei den letzten Worten des Magnificat drang plötzlich von draußen Hörnerklang und Hundegebell an das Ohr des Pastors. Er hielt inne in seinem Gesang, lauschte und brach dann die feierliche Vesper ab. Eilends verließ er den Altar.

Die Gläubigen blickten sich fragend an. Sie hatten ja schon einiges erlebt. Aber so etwas noch nicht.

»Heute ist doch Weihnachten!«, flüsterte einer.

»Ein ganz besonderes Fest!«, bestätigte ein anderer. »Der Pastor kann das doch nicht so einfach machen!«

Enttäuscht verließen die Gläubigen die Kirche und gingen nachdenklich und traurig nach Hause.

Der Pastor indessen war frohen Mutes. In der Sakristei legte er geschwind seine Messgewänder ab und streifte seine Jagdbekleidung über.

Dann begab er sich durch die Hintertür der Sakristei zum Heidenkopf, dem verabredeten Treffpunkt der Jäger.

Am ersten Weihnachtstag, es war immer noch klares, kaltes Winterwetter, hatte sich die ganze Pfarrgemeinde wieder in der Kirche versammelt. Aber erneut wurde sie enttäuscht. Der Pastor war nicht erschienen, weshalb die heilige Messe ausfallen musste.

»So kann das wirklich nicht weitergehen!«, schimpfte jemand. »Kurze Messen und Predigten waren wir ja schon immer gewohnt, aber überhaupt keine Messe, das ist wirklich zu wenig!«

»Vielleicht ist dem Pastor im Wald etwas zugestoßen, und er liegt irgendwo hilflos im Schnee!«, warf eine Frau ein.

Am Nachmittag riefen die Glocken zur Vesper. Wieder kamen alle Gläubigen voller Erwartung in das Gotteshaus. Aber auch diesmal blieb der Altar leer.

»Da ist etwas geschehen!«, sagte wieder jemand.

»Ja, wir müssen den Pastor suchen. Oder wollen wir uns Vorwürfe machen, dass wir nichts unternommen haben, um ihn zu retten, wenn ihm etwas zugestoßen sein sollte?«

Die Männer des Dorfes versammelten sich vor der Kirche.

»Nehmt Fackeln mit!«, rief einer, »wir wissen nicht, wie lange die Suche im Kirchwald dauert. Es wird bald dunkel!«

In alle vier Himmelsrichtungen verteilten sich die Männer und verfolgten zahlreiche Spuren im Schnee. Dann wurde es sehr schnell dunkel, und die Nacht brach herein. Gespenstisch leuchteten die Fackeln. Immer wieder ging eine zu Boden, weil ihr Träger glaubte, etwas entdeckt zu haben.

Am späten Abend wollten die Männer die Suche schon aufgeben, da fand einer den Grafen, der zur Jagd aufgerufen hatte. Er lag auf dem Rücken im Schnee, war bewusstlos, lebte aber. Sein Gesicht war so weiß wie der Untergrund, auf dem er lag. Nur seine Augen und der dichte, dunkle Bart stachen davon ab. Es hatte den Anschein, als würde eine Leiche im Schnee liegen.

Schnell trugen ihn einige Männer nach Schmidtheim.

»Schnell, schnell!«, spornte einer an, »er hat hohes Fieber. Wenn wir uns nicht beeilen, bedeutet die Kälte für ihn den sicheren Tod!«

Der Graf erlangte aber trotz aller Bemühungen nicht mehr sein Bewusstsein. Nach zwei weiteren Tagen verstarb er.

Vom Pastor fehlte immer noch jede Spur. Tagelang durchstreiften die Männer die Wälder. Aber sie fanden nichts. Frischgefallener Schnee hatte zudem alle alten Spuren überdeckt, und neue Spuren waren nicht zu entdecken.

Es kam der Jahreswechsel und dann der Dreikönigstag. Immer noch herrschte herrliches, klares Winterwetter. Jeder ging nach den Festtagen wieder seiner gewohnten Arbeit nach.

Da kam plötzlich die alte Katharina, die auf der Straße nach Esch unterwegs gewesen war, um Bekannte zu besuchen, zurück ins Dorf gelaufen. So schnell hatte noch niemand die alte Frau laufen sehen. Als ob der Teufel hinter ihr her sei, bewegte sie ihre Füße im Schnee, und ein unbeschreiblicher Ausdruck der Angst beherrschte ihr Gesicht. Als sie bei den ersten Häusern angelangt war, verließen sie die Kräfte. Sie sackte zusammen und blieb im Schnee liegen.

Schnell liefen einige zu ihr hin, um ihr zu helfen. Sie stützten die alte Frau und brachten sie so schnell es ging nach Hause.

»Was ist los, Katharina? Was hat dich so in Angst versetzt?«, fragte einer, nachdem man sie auf ihr Bett gelegt hatte.

Katharina starrte ihre Helfer mit großen Augen an, brachte aber noch immer kein Wort heraus.

»Langsam, nur langsam, sie ist ja völlig außer Atem. Lasst sie erst einmal Luft holen!«, sagte jemand.

»Sie muss etwas Furchtbares erlebt haben, da draußen!«, flüsterte ein anderer.

»Ich war auf dem Weg nach Esch!«, begann die alte Katharina schließlich zu erzählen. »Ich wollte Bekannte besuchen. Ich ging langsam, um nicht hinzufallen. Alles war ruhig. Dann, plötzlich!«, die Stimme der alten Frau wurde lauter und aufgeregt, »habe ich vor mir auf dem obersten Weg, der durch den Kirchenwald nach Esch führt, eine weiße Gestalt gesehen, die mit langsamen Schritten auf mich zukam. Dabei hat sie gesungen. Ich weiß nicht mehr, was es war, aber es war furchterregend! Ich bin ja schon sehr alt und habe in meinem Leben viel gesehen. Aber das da übertraf alles. Ich wünsche es keinem von euch!«

Alle blickten jetzt noch gespannter auf die alte Frau und warteten darauf, dass sie weitererzählte. Nach einer kurzen Verschnaufpause fuhr sie zögernd fort: »Es hat geklungen wie, ja, wie ein Totenlied. Ich glaube, ich muss heute noch sterben. Das Lied hat mir gegolten!«

Die anwesenden Frauen versuchten die alte Frau zu beruhigen. »Was geschah dann?«, fragten sie.

»Ich habe mich ganz schnell umgedreht und bin gelaufen, so schnell es nur auf dem glatten Schnee ging. Aber trotzdem blieb das Singen hinter mir. Ich glaube, ich werde bald sterben. Das Gespenst war kein gutes Zeichen!«

Das Ereignis hatte sich schnell im Dorf herumgesprochen. Die Stube der alten Katharina war jetzt voller Menschen. Einige der Männer glaubten ihr nicht: »Die Alte ist ja verrückt, die spinnt doch! Die will nur die Aufmerksamkeit auf sich lenken, sonst kümmert sich doch niemand mehr um sie!«

Die Zeit verging, es wurde Frühling, und immer mehr Menschen in Dahlem sprachen jetzt von dem Ereignis und dem weißen Gespenst. Es waren nun nicht mehr nur Frauen und Kinder, sondern auch die Männer, die dort im Kirchenwald das eigentümliche Singen gehört haben wollten. Es war eine Sprache, die niemand verstand. Schließlich waren alle so in Furcht, dass es niemand mehr wagte, den Kirchenwald zu betreten.

Seit Weihnachten war die Pfarrei nun schon ohne Pastor. Niemand wusste, wo der Seelsorger abgeblieben war. Er blieb verschollen. Bis zu einer späteren Neubesetzung, die man von der Aufklärung des Falls abhängig machte, sorgte ein Pater aus Alendorf für die Verkündigung von Gottes Wort in Dahlem. Jeden Sonntag zelebrierte er dort ein feierliches Hochamt.

Es war Palmsonntag geworden. Schnellen Schrittes ging der Pater durch den einsamen Wald von Alendorf nach Dahlem. Er war in Gedanken versunken, weil er noch an seiner Predigt feilte. Die Vögel zwitscherten in den Lüften, und die Sonne strahlte vom blauen Himmel. Mit einem Male hörte der Pater hinter sich eine singende Stimme. Er hatte schon oft davon gehört, was von dem Gespenst erzählt wurde, nur als Mann der Kirche konnte und durfte er an derartige Dinge nicht glauben. Er blieb stehen und drehte sich langsam um. Da erblickte er eine weiße Gestalt, die sich langsam näherte. Sie schien mehr zu schweben als zu gehen. Der Pater war starr vor Angst. Wie festgewachsen stand er da. Sein Herz klopfte ihm bis zum Hals. Noch immer kam die Gestalt näher, und erst jetzt erkannte er voller Entsetzen den Pastor, der seit Weihnachten unauffindbar verschollen war. Dessen Gesicht war wachsgelb, so wie die Kerzen auf dem Altar. Starr und bewegungslos sein Ausdruck, fast durchsichtig und pergamentartig die Haut. Die tiefliegenden, dunklen Augen, die durch den Pater hindurchzublicken schienen, bildeten einen krassen Gegensatz zu den blutlosen, kalkweißen und unbewegten Lippen. Die Hände, die wie zum Gebet gefaltet waren, schienen abgemagert und skelettartig. Jeder Knochen drückte durch die weiße Haut. Langsam schlich das Gespenst am Pater vorüber, ohne ihn zu beachten.

»Gott sei Dank!«, dachte der Pater, er hat mich nicht bemerkt.

Der Pater beobachtete, wie der lange weiße Chormantel über die Erde schleifte und den Staub aufwirbelte. Dahinter wurde plötzlich ein großer schwarzer Hund mit stechend glühenden Augen und gefährlich blitzenden Reißzähnen sichtbar. Knurrend und mit eingezogenem Schwanz schlich er hinter der Geistererscheinung her.

In dem Moment, als der Pater ein Kreuzzeichen machen wollte, um göttlichen Schutz zu erbitten, begann das Gespenst wieder zu singen. Zuvor hatte niemand diese Worte verstehen können, da keiner dem Gespenst so nahe gekommen war. Aber der Pater verstand jetzt die lateinischen Worte ganz deutlich: »Defensor noster aspice! Du unser Beschützer, sieh uns an!«

Der Pater wusste genau, was er jetzt zu tun hatte. Er riss seine Kopfbedeckung herunter, fiel auf die Knie und sang gemeinsam mit dem Gespenst den lateinischen Liedtext. Der Hund ließ indessen ein lautes und wimmerndes Geheul vernehmen.

Als der Gesang mit dem letzten Amen verklungen war, verschwanden die Erscheinungen. Der Pater hatte das Gespenst erlöst.

Das ruhelose Umherwandeln des Pastors war die Strafe dafür gewesen, dass er seinerzeit die Weihnachtsvesper vorzeitig abgebrochen hatte und zur Jagd gegangen war, wo ihn dann sein Schicksal ereilte.

DER SPUK IM FORSTHAUS

Vor langer Zeit lebte in Heimbach ein Förster, der es mit der Verteilung der Nutzungsrechte des Waldes nicht so genau nahm. Er nutzte sein Amt stets zu seinem Vorteil aus, indem er den Reichen, von denen er sich eine Belohnung versprach und auch stets erhielt, größere Waldflächen zur Nutzung zukommen ließ als den weniger Begüterten.

So handelte der Förster über viele Jahre hinweg, und es gelang ihm dadurch, ein kleines Vermögen anzuhäufen. Nur blieb ihm dann keine Zeit mehr, das »Ungerechtgeld« für sich auszugeben. Er starb sehr jung und fand seine Strafe für seine Unredlichkeit darin, dass er im Grab keinen Frieden erlangen konnte.

Jede Nacht spukte er jetzt im Forsthaus, in das sein Nachfolger mit seiner Familie eingezogen war. Der Spuk war so heftig, dass die neuen Bewohner keine Ruhe finden konnten. Es polterte, rumorte und krachte. Und die Bewohner befürchteten, das alte Gemäuer und das Fachwerk könnten auf Dauer Schaden erleiden.

Eines Tages sahen sie keinen anderen Ausweg mehr. Der Förster ging zum Kloster Mariawald, um dort Hilfe zu holen.

»Pater, Ihr müsst uns helfen!«, bat der Förster. »Es ist nicht auszuhalten in dem Haus! Wie soll ich bei Tage meine Arbeit verrichten, wenn ich bei Nacht nicht schlafen kann? Und meine Frau und die Kinder erst! Vor lauter Angst haben sie sich schon ganz verändert. Helft uns bitte!«, flehte der Förster.

Schon am nächsten Tag kam der Pater zum Forsthaus und bannte den Spuk in den Stall, in der Meinung, dass dadurch Ruhe einkehren würde. Aber das war nicht der Fall. Das Haus war zwar jetzt vom Spuk befreit, doch trieb dieser es jetzt noch heftiger im Stall. Das Poltern und Rumoren war nun so stark und durchdringend, dass es bis in das

Haus hinein zu hören war. Es war fast noch lauter als zuvor. Eine Besserung war nicht eingetreten.

Wenn nachts jemand den Stall betreten musste, um Holz für den Kamin zu holen, sprang der Spuk plötzlich aus dem Dunkel der Person auf den Rücken, krallte sich fest und ließ sich umhertragen, bis es ihm beliebte, wieder abzuspringen. Meistens nahm er dabei an Gewicht so zu, dass die betroffene Person beinahe zusammenbrach.

»Vielleicht wird es bald besser!«, sagte der Förster zu seiner Frau. »Lass uns noch etwas abwarten. Der Spuk wird bestimmt auch einmal müde, dann haben wir Ruhe. Die Hauptsache ist doch, dass er nicht mehr direkt in unserem Haus sein Unwesen treibt!«

»Glaubst du vielleicht, dass ein Spuk jemals müde wird?«, erwiderte die Frau, »das habe ich noch nie gehört!«

Sie warteten zwar, aber eine Besserung trat nicht ein. Nacht für Nacht tobte und polterte das Gespenst, und die Bewohner des Forsthauses wurden fast krank.

»Ich hole morgen wieder den Pater aus Mariawald!«, sagte der Förster eines Morgens nach einer weiteren unheimlichen Nacht. »Der Spuk muss ganz verschwinden! So kann es wirklich nicht mehr weitergehen!« Der Pater kam abermals und verbannte den Spuk in den Kermeter.

»Dort in freier Natur kann er weniger Schaden anrichten als in einem bewohnten Haus!«, meinte der Pater. »Ich hätte das damals sofort machen sollen. Dann wären euch viele schlaflose Nächte erspart geblieben!«

Schon wenig später wussten die Leute aus dem Ort zu berichten, dass der verstorbene ungerechte Förster in seiner grünen Berufskleidung mit zwei Hunden hastig durch den Wald eilte. Wer ihm zu nahe kam, musste ihn auf dem Rücken eine lange Strecke tragen. Daher mieden die meisten den Bereich, wo er immer wieder gesehen wurde.

Im Forsthaus allerdings war seit diesem Tage Ruhe und Frieden eingekehrt.

DER JÄGER AUS ZWEIFALL

In der Nähe von Zweifall lebte einst ein Jäger, der an nichts mehr Freude hatte, als an der Jagd. Man sah ihn andauernd mit dem Gewehr über der Schulter durch die Wälder streifen und dem Wild nachstellen.

»Lieber verzichte ich auf den Einzug in das Himmelreich, als dass ich auf die Jagd verzichte!«, sagte er einmal. Keiner verstand ihn damals.

Viele, viele Jahre später, der Jäger war inzwischen alt und grau geworden, bereitete er sich in seiner Hütte wieder einmal auf seine liebste Beschäftigung vor. Da pochte es an der Tür.

»Wer kann das denn sein?«, dachte er, »ich lasse mich nicht aufhalten, ich gehe zur Jagd, ganz gleich, wer vor der Tür steht.«

Missmutig schlurfte er zur Tür und öffnete diese.

Draußen stand der Gevatter Tod, der den Jäger aufforderte, mit ihm zu kommen: »Deine Zeit ist abgelaufen, komm jetzt und begleite mich!«, waren seine Worte. Einen Aufschub wollte er nicht geben. Es gab kein Zurück, der Jäger musste gehorchen.

Nach einer langen, mühseligen Wanderung kamen sie zur Himmelspforte. Der Jäger begehrte Einlass. Aber hier hatte man seine einst leichtfertig gesprochenen Worte noch nicht vergessen.

»Du wolltest doch nicht ins Himmelreich. Deine Jagd war dir wichtiger. Hast du das vergessen? Geh zurück nach Zweifall, und bleibe dort für ewig!«, lauteten die abweisenden Worte.

Noch heute soll der Jäger in stürmischen Nächten bei Zweifall umher gehen. Immer wenn der Wind heult und Bäume bersten, hetze er, so sagen die Zweifaller, durch den Wald. Und jeder solle sich hüten, ihm zu begegnen. Denn wenn der Jäger einen anspreche, müsse man eine passende Antwort geben können, sonst kehre man nicht wieder nach Hause zurück.

DER KOPFLOSE FÖRSTER IM ELZTAL

Im Elztal, nicht weit von der Burg Pyrmont entfernt, ging vor langer Zeit eine arme alte Frau hin und wieder, ihren kleinen Leiterwagen hinter sich herziehend, zu einer Wiese im Wald, um dort Gras und Kräuter zu schneiden als Futter für ihre einzige Ziege. Das ging so jahraus, jahrein, ohne dass es aufgefallen wäre oder jemand etwas dagegen vorgebracht hätte.

Eines Morgens, der frische Tau lag noch auf den Gräsern, und in der aufgehenden Sonne schimmerte das saftige Grün der Natur, war die alte Frau wieder auf dem Weg zur Wiese im Wald. Das Quietschen der Karrenräder vermischte sich mit dem Zwitschern der Vögel. Alles machte einen friedlichen Eindruck. Nichts deutete auf ein ungewöhnliches Ereignis hin.

Die Frau hatte gerade die ersten Schnitte mit der Sichel getan, da stand plötzlich der Förster hinter ihr und schrie sie mit lauter Stimme an: »Was macht Ihr hier in meinem Wald? Ich verhafte Euch. Ihr werdet eine gehörige Strafe bekommen!«

Obwohl sich die Frau heftig erschrocken hatte, denn der Förster hatte sich leise und unbemerkt genähert, kam sie nur langsam aus ihrer gebeugten Haltung empor, hielt sich ihren Rücken vor Schmerzen und erwiderte mit ruhiger und sicherer Stimme: »Das ist ein Irrtum! Ich bin nicht verhaftet, und ich bezahle auch keine hohe Strafe, und anfassen werdet Ihr mich erst recht nicht!«

Diese Antwort, und dann noch von einer alten, schwachen Frau, hatte der Förster nicht erwartet. Weshalb er jetzt unbändig wütend wurde. Mit roher Gewalt fasste er die Frau am Arm, um sie nach Pillig zu bringen und dort einzusperren. Aber in diesem Moment schrie die Frau mit lauter und schriller Stimme einen Fluch aus, dass es im Elztal nur so widerhallte: »Keine Ruhe in Ewigkeit sollst du für dein hartes und mitleidloses Herz finden. Du sollst ewig ohne Kopf über die Wiesen spuken!«

Nach diesen Worten ließ der Förster die Frau los und verschwand ohne Worte im Wald.

Tags darauf war er wieder wie gewohnt in seinem Revier unterwegs, als plötzlich ein Schuss die Ruhe der Natur jäh durchbrach. Der Körper des Försters sackte getroffen zu Boden. Der Schuss hatte ihm den Kopf vom Körper abgetrennt. Ein Wilddieb hatte zu früher Stunde dem Förster aufgelauert und sich für eine ungerechte Entscheidung gerächt.

Von diesem Tag an spukte der Förster ohne Kopf durch die Wälder und fand keine Ruhe mehr, wie es die alte Frau gesagt hatte.

VON HEXEN UND WERWÖLFEN

DIE HEXE VOM ELSENHOF

Unterhalb des Dorfes Zermüllen hat vor vielen, vielen Jahren der Elsenhof gestanden. Die letzte Besitzerin wurde zur Zeit der Inquisition als Hexe denunziert, abgeurteilt und auf dem Scheiterhaufen verbrannt.

Als der Hof seinerzeit noch von seinen Eigentümern bewirtschaftet wurde, verrichteten Hannes und Pitter, zwei junge Burschen aus Zermüllen, ihre Arbeit als Knechte auf dem Elsenhof. Nach der harten körperlichen Arbeit tagsüber auf den umliegenden Äckern und in den Ställen begaben sie sich allabendlich in eine Dachkammer des Hofes, wo sie sich gemeinsam in ein Bett legten und bald in einen tiefen Schlaf fielen. Deshalb zogen es die beiden vor, früh ins Bett zu gehen. So ging das mehrere Jahre.

Eines Tages sah Pitter den Hannes an und sagte erschrocken: »Hannes, du siehst gar nicht gut aus! Fehlt dir etwas? Bist du vielleicht krank?«

Nach einem kurzen Zögern und Nachdenken erwiderte Hannes: »Ich darf es nicht sagen. Frage auch bitte nicht weiter! Ich wäre dir aber dankbar, wenn du mir einen Gefallen erweisen würdest!«

»Warum nicht?«, erwiderte Pitter, »wenn ich dir dadurch helfen kann!«

»Pass auf!« begann Hannes. »Wir schlafen doch gemeinsam in einem Bett, und das schon seit Jahren! Ich zur Kammer hin und du an der Wand. Es ist nie anders gewesen!«

»Ja, das stimmt!«, bestätigte Pitter.

»Willst du nicht auch einmal vorne liegen?«, fragte Hannes.

»Warum nicht, ich habe da keine Bedenken. Ja, warum eigentlich nicht? Das wäre einmal etwas anderes nach den vielen Jahren!«, sagte Pitter, auch wenn er nicht verstehen konnte, warum Hannes das eigentlich wollte.

»Aber pass auf!«, fuhr Hannes fort, »du bist stärker als ich, und vielleicht schaffst du es!«

Da meinte Pitter: »Hannes, du redest schon wieder in Rätseln. Was sollen diese geheimnisvollen Andeutungen?«

»Ich hatte doch gesagt, dass ich nichts sagen darf. Frage bitte nicht weiter, sondern lass uns so verfahren, wie wir es eben besprochen haben!«

Pitter war nun noch neugieriger geworden, und er bekräftigte erneut sein Versprechen, sich in der kommenden Nacht vorne im Bett zur Ruhe zu legen.

Nach vollbrachter Tagesarbeit wurden nach dem Abendessen nun also die Plätze im Bett getauscht. Pitter lag jetzt vorne zur Stube hin, Hannes hingegen erstmalig nach vielen Jahren zur Wand der Dachkammer. Beide waren todmüde, doch Pitter gingen die geheimnisvollen Äußerungen seines Freundes nicht mehr aus dem Sinn. So hielt er sich wach, um zu sehen, was wohl in der Nacht geschehen würde. Hannes schlief derweil so fest, dass ihn niemand und nichts mehr wach bekommen hätte.

Die Stunden vergingen, und nichts geschah. Pitter zählte die Glockenschläge der Turmuhr von Zermüllen, die durch die Nacht herüberklangen. Die Spanne von Stunde zu Stunde erschien ihm wie eine Ewigkeit.

Schließlich war es Mitternacht. Pitter zählte mit: »... neun ... zehn ... elf ...!«

Je länger die Glocke schlug, desto höher schlug Pitters Herz, so dass er befürchtete, Hannes könnte von dem Gepoche erwachen. Dieser aber schlief tief und fest an der offenbar ungefährlicheren Rückseite des Bettes.

Der zwölfte Schlag der Kirchturmuhr war gerade verklungen, da öffnete sich mit einem Male die Kammertür langsam mit einem langen und eindringlichen Knarren. Es klang unheimlich und bedrohlich, weil es mit dem Betreten einer kaum erkennbaren, vermummten Gestalt einherging. Sie war nur wie ein großer Schatten zu erkennen, da das Mondlicht von hinten durch die inzwischen ganz geöffnete Kammertür in den kleinen Schlafraum eindrang. Langsamen Schrittes bewegte sich die Gestalt auf Pitter zu, der regungslos und starr vor Angst in dem Bett lag.

»Ich habe es gewusst, ich habe es vermutet! Es konnte nur so etwas sein!«

Jetzt erkannte er plötzlich einen Pferdezaum in der rechten Hand der Gestalt, die immer näherkam.

Von diesem Augenblick an ging alles sehr schnell. Die Gestalt stand nun vor dem Bett und versuchte, Pitter das Zaumzeug anzulegen. Aber der starke Pitter war hellwach und wusste sich seiner Haut zu wehren. Er kämpfte nach Leibeskräften, und in einem schnellen Handgemenge gelang es ihm, Oberhand zu gewinnen und das Vorhaben der Gestalt so abzuwenden, dass diese zuletzt mit angelegtem Zaum vor ihm stand. Im gleichen Moment wurde sie in ein Pferd verwandelt, das Pitter schnell die enge Stiege hinuntertrieb. Er hatte wegen des guten Gelingens Mut gefasst. Mit einem Satz schwang er sich jetzt auf den Rücken des Tieres und jagte im schnellen Galopp über Zäune und Wiesen in der hellen Vollmondnacht zu einer Waldschlucht, die von allen als »Hexenkessel« bezeichnet wurde.

Zuerst erblickte Pitter in der Ferne den roten Schein eines Feuers, das manchmal durch taumelnde Gestalten verdeckt wurde. Funken stoben wild in den tiefschwarzen Nachthimmel.

Pitter versuchte jetzt, den Galopp des Pferdes zu verlangsamen. Denn bei dem Anblick des unheimlichen nächtlichen Treibens packte ihn eine unbändige Angst.

Aber das Pferd war nicht zu halten. Was Pitter auch unternahm, es lief mit unverminderter Geschwindigkeit auf den Hexentanzplatz zu. Nun war er schon so nahe davor, dass ihn die unruhigen Schatten der tanzenden Gestalten fast erreichten. Grelle, keifende Stimmen drangen an seine Ohren. Pitter sah sich schon verloren und inmitten des Hexenkessels. Doch als er gerade das Feuer erreicht hatte, sprangen alle mit einem Male zur Seite und schwangen sich auf ihre am Rand des Platzes an Bäumen und Sträuchern festgebundenen Pferde. Dann sprengten sie mit lautem Galopp in alle vier Himmelsrichtungen durch den Wald davon. Der Spuk hatte ganz plötzlich ein Ende gefunden.

Noch lange über dieses Ereignis nachdenkend, trabte Pitter nun langsam in Richtung Elsenhof zurück. Die Nacht neigte sich ihrem Ende entgegen. In Kelberg ließ er dem Pferd bei einem Schmied, der zu der frühen Stunde bereits sein Feuer entfacht hatte, neue Eisen anbringen.

»Das kenne ich überhaupt nicht, halt doch stille!«, schimpfte der Schmied, weil sich das Tier so wehrte, wie er es noch nie zuvor erlebt hatte. »Was habt Ihr denn für einen Begleiter? Steckt denn da der Leibhaftige drin?«, fragte der Schmied. Doch Pitter antwortete nicht, er war schon zu müde. Schließlich ritt er weiter. Im Morgengrauen erreichte er den Elsenhof. Das Pferd war vollkommen erschöpft, es dampfte und triefte vor Schweiß.

Vor der Hoftür stand schon wartend der Bauer. Pitter sprang vom Pferd und befreite es schnell von dem Zaum. Kaum war das geschehen, stand zu aller Schrecken und Erstaunen die vollkommen erschöpfte Bäuerin mit neuen Hufeisen an Händen und Füßen vor ihnen.

Pitter berichtete nun seinem Herrn ausführlich über das nächtliche Erlebnis. Jetzt erst konnten beide den Zustand von Hannes verstehen, der zuvor jede Nacht in ein Pferd verwandelt wurde und die Bäuerin zu ihren Hexentreffen tragen musste.

Gleich am nächsten Tag begab sich der Bauer zum Inquisitionsgericht und zeigte dort seine eigene Frau als Hexe an.

Schon bald darauf wurde ihr der Prozess gemacht. Sie wurde abgeurteilt und nach dem Erhängen dem Feuer übergeben.

Hannes hingegen erholte sich schnell von seiner Erschöpfung und sprach auch bald mit anderen über seine grausamen nächtlichen Erlebnisse.

DIE WALPURGISNACHT ZU GAPPENACH

Es war im 17. Jahrhundert, als ein Bauer mit seiner Frau auf einem einsamen Gehöft am Dorfrand von Gappenach lebte und arbeitete. Das ganze Anwesen war zum Schutz vor ungebetenen Gästen mit einer hohen Dornenhecke umgeben. Zu dieser Zeit suchte und fand die Inquisition ihre Opfer; und durch das allgemeine Hörensagen verunsichert, kam der Bauer zu dem Schluss, dass auch seine Frau eine Hexe sein müsse.

»Nein, es kann nur so sein, meine Frau ist eine Hexe!«, sprach er immer häufiger zu sich selbst. »Ich habe zu viel gesehen und miterlebt, das darauf hindeutet. Es ist zwar nicht erfreulich für mich, aber es scheint so zu sein!«

Ihm war zu Ohren gekommen, dass in der Nacht vom 30. April zum 1. Mai die Walpurgisnacht, ein besonders heftiges Fest der Hexen und Teufel, gefeiert würde. Deshalb befestigte der Bauer während der Dunkelheit des vorhergehenden Abends heimlich eine große gusseiserne Takenplatte vor der Kaminöffnung, so dass sie dicht verschlossen wurde.

Und es dauerte nicht lange, da betrat die Frau das dunkle Zimmer, nahm den neben dem Kamin stehenden Reisigbesen, klemmte ihn sich zwischen die Beine und hob mit einem lauten Rauschen vom Stubenboden ab. Sie wollte mit Schwung durch den Kamin ins Freie gelangen, um dem Ruf des Teufels zum höchsten Hexenfest des Jahres zu folgen. Aber die Öffnung war ja fest verschlossen. Die Frau prallte mit voller Wucht auf die eiserne Platte, woraufhin sie im gleichen Moment die Richtung änderte und zur Tür hinaus in die Dornenhecke flog. Dann war sie verschwunden. Erst am nächsten Morgen kehrte sie in der Dämmerung in das Haus zurück. Das Gesicht zeigte deutliche tiefe Kratzer, und auf dem Kopf trug sie eine weithin sichtbare Beule.

Seitdem sollen die Einwohner des kleinen Eifeldörfchens auf dem Maifeld den Beinamen »Gappenacher Bockreiter« haben.

DAS FEURIGE HUHN UND DIE HEXE

Seit Generationen erzählten die alten Leute in Dörbach, dass im »Kornecken«, einem Gebiet, in das sich nur selten ein Mensch verlief, ein Gespenst seinen Unterschlupf haben sollte. Zunächst stellten sich alle unter einem richtigen Gespenst eine Gestalt mit menschlicher Figur vor. Aber bei dem »Kornecken-Gespenst« war das ganz anders. Es hatte die ungewöhnliche Gestalt eines feurigen Huhnes.

Schon oft war das Huhn einsamen Wanderern oder Bauern, die mit ihrem Ochsenkarren eine Abkürzung suchten, begegnet. Ganz unverhofft und ohne jegliche Ankündigung sprang es dann aus dem Gebüsch links oder rechts und erschreckte die Menschen fürchterlich. Diese mussten dann stillstehen und so tun, als hätten sie das Huhn nicht gesehen. Nur dann konnte der Spuk schnell wieder vergehen. Hielt sich aber einer nicht an diese Regel und wagte es sogar, nach dem Huhn zu greifen, widerfuhr ihm in kürzester Zeit das schlimmste Unglück in Haus, Hof, Stall oder am eigenen Körper.

So geschah es einmal, dass das feurige Huhn einem Bauern begegnete, der im Wald Holz für den Winter auf seinen Ochsenkarren lud. Kaum war das Huhn erschienen, da brachen wie von einem Blitz getroffen alle Räder entzwei, woraufhin die Deichsel brach und das Zugtier schwer an den Beinen verletzte. Ohne Wagen und Holz musste der Bauer das schwerverletzte Tier ganz langsam zu seinem Hof zurückführen. Nachdem er in der Wirtschaft dieses Erlebnis erzählt hatte, wagte sich keiner mehr in den Kornecker-Wald.

Aber das feurige Huhn war nicht die einzige Plage in dieser Gegend. Eine Hexe, die im »Hexengraben« hauste, einer bekannten Dörbacher Flur, trieb es mit den Bewohnern noch schlimmer.

Immer nur nachts, wenn alle Bauern nach schwerer Tagesarbeit fest schliefen, schlich sie sich in Häuser und Ställe, um dort ihren Schaden anzurichten. Sie zauberte und hexte so lange, wie ihre Kraft in der

Nacht reichte. Dann zog sie sich wieder zurück, damit sie keiner sehen sollte. Am nächsten Morgen erschraken die Bauern fast zu Tode. Bei dem einen lagen die Kühe tot auf dem Boden und regten sich nicht mehr. Bei dem anderen hatten sich die Schweine im Stall über Nacht verändert. Quiekten und schmatzten sie sonst schon, wenn man nur den Stall betrat, um ihnen Futter zu bringen, so rührten sie jetzt nichts mehr an und drohten abzumagern. Kein Bauer blieb verschont. Immer wieder ereilte einen dieses Schicksal, dass sie sich bald keinen Rat mehr wussten. »Wir wissen, wer uns das Unheil anrichtet!«, sagte einer bei einer Versammlung im Dorfkrug. »So kann das doch nicht weitergehen! Wir kommen noch an den Bettelstab!«

»Wenn wir uns zusammentun!«, ergänzte ein anderer, der bereits zweimal Schaden erlitten hatte, »können wir der Hexe vielleicht habhaft werden!«

»Auf Dauer geht das wirklich nicht so weiter!«, betonte ein Bauer aus der hintersten Reihe, der zwar noch nie heimgesucht worden war, aber Tag und Nacht um sein Eigentum zitterte.

Das Ergebnis der Zusammenkunft war, dass sich alle Geschädigten aufmachen wollten, um die Hexe gefangenzunehmen und zu bestrafen. Die Bauern verabredeten einen Tag, an dem sie ihren Plan ausführen wollten.

Der Morgen dämmerte, und Nebelschwaden hüllten die Wiesen ein, als sich mehr als ein Dutzend Männer der Hexenbehausung im Hexengraben näherte. Sie führten Stricke und Knüppel bei sich und waren auf das Äußerste gefasst.

»Verhaltet euch ruhig und lärmt nicht so!«, befahl der Anführer, der voranging und sich mahnend umdrehte. »Euer Lärm kann unseren ganzen Plan verderben. Wir sind doch kurz vor unserem Ziel!«

»Ob das nur gut geht?«, zweifelte einer, der ohnehin nicht als der Mutigste bekannt war.

»Warum denn nicht?«, lallte der Letzte im Bunde, der hinterhertorkelte und gerade einen Schluck aus einer Schnapsflasche nahm.

»Eine Hilfe seid ihr nicht, wenn ihr keine Disziplin haltet!«, sagte der Anführer. »Nun seid vernünftig, haltet Ruhe, denn wir sind gleich da!«

Es war schon ein eigenartiger Zug, der sich da im Nebel durch den Wald und über die Wiesen schob. Dann waren sie am Ziel angelangt.

»Dort ist er, der Hexengraben!«, sagte der Anführer, als sich alle hinter ihm eingefunden und versammelt hatten. »Die Mutigsten und Stärksten von uns müssen jetzt zugreifen. Wenn wir uns alle auf die Hexe stürzen, kann sie in dem Durcheinander entweichen und ist gewarnt. Das müssen wir vermeiden!«

»Wir machen es!«, flüsterte eine Stimme aus dem Hintergrund. »Wir stürzen uns auf die Hexe. Aber wenn etwas geschieht, das uns gefährdet, müsst ihr helfen!«

»Ja, dafür sind wir mitgekommen. Wir sind bereit!«, bestätigte einer aus der Menge mit leisen Worten; offensichtlich froh darüber, dass er den entscheidenden Schritt nicht zu machen hatte, sondern im Hintergrund bleiben durfte.

Auf Zehenspitzen schlichen sich nun zwei Freiwillige an die Hexenbehausung heran. Sie traten ohne lange zu zögern die Tür auf, stürzten mit einem Satz auf die schlafende Hexe zu und banden sie in Windeseile mit dem Tau, das sie mit sich führten, an Händen und Füßen so fest, dass sie sich nicht mehr regen konnte. Der Plan der Festnahme war geglückt. »Was soll jetzt mit ihr geschehen?«, fragte einer.

»Ja, was soll jetzt mit ihr weiter passieren? Darüber haben wir uns überhaupt keine Gedanken gemacht!«

»Die Hexe muss verschwinden, einfach weg, damit der Spuk ein Ende hat!«, rief einer.

»Ohne gerichtliche Entscheidung? Wollen wir die Richter sein und entscheiden, was geschehen soll mit dieser Person?«, meldete sich eine kritische Stimme.

»Natürlich, wir haben den Schaden gehabt, und wir rechnen ab. Wir vermeiden weiteren Schaden durch unsere Entscheidung!«

Die Mehrheit war sich einig. Der Hexe wurden die Fesseln von den Füßen genommen, und sie wurde auf den Kelterberg getrieben. Dort band man sie mit einer großen Menge Stroh auf ein Wagenrad, rollte dieses an den Rand des Kelterberges, entfachte das trockene Stroh und stieß das brennende Gebilde den Berg hinab. Das laute Schreien der verbrennenden Hexe erfüllte das Tal und endete erst, als sie mit dem Rad am gegenüberliegenden Felsen zerschellte. Der Rest wurde ein Raub der Flammen.

Fortan blieben die Bauern von Krankheit in den Ställen verschont, und auch das feurige Huhn tauchte nicht mehr auf.

DER MUTIGE MÜLLER

Die Nacht war sehr stürmisch und ungemütlich, als einst Hannes der Müller den letzten Mahlgang des Tages in seiner Mühle an der Erft überwachte.

»Wie sehr freue ich mich auf mein Bett!«, sprach er zu sich selbst, »das war wieder einmal ein harter Tag. Jeden Knochen spüre ich einzeln!«

Das Mühlrad, das gleichmäßig vom Wasser angetrieben wurde, klapperte und knarrte unter der Last der Arbeit, so dass der Müller den späten Besuch nicht bemerkte. Es war ein eigenartiger Besuch. Durch die offene Tür und alle Fenster und Luken kamen unzählige schwarze Katzen zu ihm in den Mahlraum. Ihre weit aufgerissenen, glühenden Augen starrten den Müller an. Dann sprangen die Tiere über Tische, Bänke und Schränke und überall dorthin, wo es ihnen gerade gefiel.

Töpfe und Kannen flogen hinunter. Sie zerschellten oder schepperten laut über die Dielen.

»Was ist denn hier los?«, schrie der Müller. »Wollt ihr mir die Ruhe nehmen und hier alles zerstören? Das ist ja nicht zum Aushalten! Macht, dass ihr fortkommt!«, schimpfte er.

Er nahm sich jetzt einen Besen zur Hand und ging drohend auf die Katzen zu. Doch wo sollte er beginnen? Sie waren einfach überall. In jeder Ecke, oben, unten. Sie fauchten ihn an, dass die Reißzähne bedrohlich blitzten, und ihre Krallen zeigten die Form von scharfen Sicheln, wenn die Tatzen nach ihm schlugen.

»Ihr Bestien, ihr verdammten Hexen in Katzengestalt, hinweg mit euch!«, schrie der Müller erneut und fuchtelte mit dem Besen. »Ihr schafft es nicht, dass ich gehe. Das ist meine Mühle, ich behalte sie!«

Der Müller wusste, dass diese Katzen schon lange ihr Unwesen hier trieben. So manchen seiner Vorgänger hatten sie dazu gebracht, die Mühle mutlos und entnervt zu verlassen. Auf diese Weise war er ja selbst an die Mühle geraten, und zwar zu einem äußerst günstigen Preis. Die Warnungen von Freunden und Leuten, die wussten, was in und um die Mühle vorging, hatte er leichtfertig in den Wind geschlagen.

»Mit ein paar Katzen werde ich schon fertig. Ihr werdet es schon sehen!«, hatte er siegessicher geprahlt.

Doch er hatte nicht damit gerechnet, dass es so viele und so hartnäckige Katzen waren. Mehrmals zuvor waren sie schon vor Mitternacht in die Mühle eingedrungen. Doch der Müller hatte sich nicht daran gestört, wenn sie durch die Mühle tobten. Er hatte weitergeschlafen, sie gewähren lassen und mit seinem eigenen Schnarchen das Gepolter übertönt.

»Irgendwann ist die Geisterstunde und somit auch der Spuk beendet!«, hatte er immer gesagt und sich zur anderen Seite gedreht. »Also, was soll es, mein Schlaf ist mir wichtiger als die dummen Katzen!«

Aber so viele Katzen wie heute Abend waren noch nie erschienen, und das noch lange vor der Geisterstunde. »Wollen sie heute endgültig meine Mühle erobern?«, überlegte der Müller. »Schon lange trachten sie danach, sie als Tummelplatz für ihre Zusammenkünfte und Machenschaften zu nutzen.«

»Aber nicht mit mir!«, rief der Müller jetzt laut, als wollte er seine Gegenwehr verkünden. Bei diesen Worten stoben die Katzen auseinander und fauchten allesamt, als hätten sie es genau verstanden. Und das war auch so, denn die Katzen waren in Wirklichkeit verwandelte Hexen.

Und weiter wetterte der Müller: »Das könnte dem Ölmüller oben im Tal und dem Iversheimer Müller so gefallen, wenn in der Eschweiler Mühle nicht mehr gemahlen würde. Dann könnten sie sich die Geschäfte teilen. Ich bin Müller, habe eine Mühle und werde sie behalten und mahlen, wie es mein Beruf ist!«

Gleich nach diesen Worten sprang eine Katze mit einem großen Satz auf den Mahltrichter, fauchte furchterregend und machte einen Buckel, dass das Fell auf dem Rücken sich nur so sträubte. Sie war wohl die Anführerin der ganzen Meute, denn sie war besonders groß und wirkte äußerst furchterregend, wie sie von da oben mit ihren glühenden Augen hinabblickte und jede Bewegung des Müllers aufmerksam verfolgte. Der Müller konnte nicht einschätzen, was das jetzt zu bedeuten hatte; aber ihm war bewusst, dass er nun handeln musste. Er musste deutlich machen, wer hier der Herr im Hause war und das Sagen hatte. Er griff in seine Hosentasche und holte einen Rosenkranz, den er immer bei sich trug, heraus, sprang auf und schlug ihn mit heftigen Bewegungen dem Untier links, rechts, links, rechts um die Ohren, dass die Holzperlen des Kranzes nur so rasselten. Die Oberkatze und die übrige Meute verließen jetzt blitzartig und unter lautem Wehgeschrei die Mühle durch alle Öffnungen, die sich nur anboten. Der plötzliche Andrang an der Tür war so groß, dass sie sich selbst behinderten und sich gegenseitig bissen und kratzten, bis das Knäuel sich schließlich aufgelöst hatte.

Noch lange hörte der Müller in dieser Nacht ihr Wehgeschrei.

Seit diesem Ereignis war die Mühle von Hexen frei. Kein nächtlicher Besuch störte mehr, und Hannes der Müller konnte in Frieden und Ruhe seiner harten Arbeit nachgehen. Er erzählte allen, wie er es geschafft hatte, die Hexen für alle Zeiten zu vertreiben. Aber so sehr er es auch immer betonte, dass es in der Mühle nicht mehr spuke, kein Bauer aus der Umgebung hätte es gewagt, sich nachts der Mühle zu nähern. Denn die ganze Gegend war nicht ganz geheuer.

Nicht weit entfernt befand sich nämlich mitten im Wald auf einer Lichtung ein Hexentanzplatz, wo sich unheimliche und grausame Dinge ereigneten. Und auch der ganz in der Nähe gelegene Richtplatz mit Rad und Galgen lud nicht gerade zu fröhlichem Verweilen ein.

Aber das kümmerte den Müller nicht, und er machte sich auch keine Gedanken darüber. Er war furchtlos und dachte ständig an seinen Erfolg im Kampf gegen die Hexenkatzen.

Eines Nachts war er nach einer fröhlichen und ausgiebigen Kirmesfeier auf dem Weg zurück zu seiner Mühle. Er musste am Hexentanzplatz vorbei, sonst hätte er einen großen Umweg machen müssen.

Die Nacht war stockdunkel. Nur manchmal blickte der Vollmond kurz durch eine Wolkenlücke, die sich aber rasch wieder schloss.

Schon von weitem erblickte der Müller das offene Feuer und die Bewegungen auf dem Platz. Zahlreiche Gestalten verdunkelten mit ihren Körpern das flackernde Licht, das in der schwarzen Nacht wie der Eingang zur Hölle aussah. Je näher er kam, desto lauter und unheimlicher wurde das Getöse der durcheinander grölenden und singenden Stimmen.

»Ob das eine Sprache ist, die ich nicht verstehe?«, fragte sich der Müller. »Vielleicht eine Art Geheimsprache. Da muss ich Acht geben!«

Jetzt war er am Rande des Tanzplatzes angelangt. Er ließ die schützenden Bäume des Waldes hinter sich und trat auf die Lichtung hinaus. Ohne auch nur die geringste Furcht zu zeigen, ging er an den ersten Hexen vorbei auf das Feuer zu, so dass seine kräftige Gestalt einen langen, sich unruhig bewegenden Schatten warf. Zu seinem Erstaunen blickten die Hexen ihn an und grüßten freundlich. Einige nannten ihn hierbei sogar bei seinem Namen.

»Dein Mut und deine Unerschrockenheit beeindrucken uns!«, sagte eine Hexe, vielleicht mit dem Hintergedanken, ihn für ihre Zunft zu gewinnen. So luden sie den Müller ein, mit ihnen zu feiern und lustig zu sein. Er setzte sich auf einen Baumstamm und betrachtete aufmerksam das gespenstische Treiben. Die Musik, von einigen eigenartigen Gestalten im Hintergrund erzeugt, mischte sich mit dem Johlen und Gekeife. Es waren Hexen aus der ganzen Umgebung. Viele kannte der Müller. Ohne Bedenken, doch stets auf der Hut, tanzte er mit ihnen. Er war sich sicher, ihm könne nichts geschehen. Das Toben aber bereitete ihm nach einiger Zeit einen heftigen Durst.

»Du hast Durst!«, sprach eine Hexe, die ihn schon die ganze Zeit beobachtet hatte. »Hier, trink, es wird dir guttun!«, forderte sie ihn auf und reichte ihm einen goldenen Becher mit einer Flüssigkeit, die er als roten Wein ansah.

Der Müller erhob den Becher und rief laut, wie er es als guter und gläubiger Christ gewohnt war: »Segne es Gott!«

Kaum hatte er den Namen Gottes ausgesprochen, schrien alle Hexen laut auf, als würden sie der Folter unterzogen. Es entstand ein heilloses Durcheinander. Alle eilten zu ihren Besen, die sie zu Beginn ihres

Treffens irgendwo hingeworfen hatten, setzten sich darauf, und mit einem lauten Rauschen stoben sie auseinander. Sie konnten nicht schnell genug die Lichtung verlassen und das rettende Weite suchen. Der Spuk war in wenigen Augenblicken beendet.

In diesem Moment erlosch auch das Feuer. Der goldene Becher in der Hand des Müllers hatte sich in einen hohlen Pferdefuß verwandelt. Der eben noch angenehm duftende Wein war jetzt eine übel riechende, unbeschreibliche Flüssigkeit geworden.

Mühsam suchte der Müller nach diesem Erlebnis seinen Weg nach Hause. Den Pferdehuf zeigte er jedem, dem er sein Erlebnis später erzählte und der ihm keinen Glauben schenken wollte.

DER SCHWARZE FLECK

Peter Stroh, ein junger Mann, lebte einst vor den Toren von Wittlich. Seine Braut war in Bausendorf bei ihren Eltern zu Hause. Wie jedes Jahr feierte Stroh die Kirmes mit einem festlichen Gottesdienst und einem üppigen Mahl zur Mittagszeit. Und auch abends gab es reichlich zu essen und zu trinken. Bis tief in die Nacht tanzte er und vergaß den schweren Alltag.

»Es schlägt bald Mitternacht!«, sagte Peter mit einem Male mitten im Tanz zu seiner Braut, als er bei einer wiegenden Linksdrehung die Kirchturmuhr erblickte.

»Schade, dass alles bald schon wieder vorüber ist!«, antwortete sie. »Der schöne Tag ist wie im Fluge vergangen!«

»Wir sehen uns ja bald wieder!«, versuchte er sie zu trösten und drückte ihr lange die Hand.

»Ja, sehr bald schon!«, sagte sie.

Die Turmuhr schlug mit dumpfem Ton Mitternacht, und der junge Mann begab sich auf einen nicht ungefährlichen Heimweg. Vor ihm lag ein dunkler Wald, der erst bei Neuerburg endete. Der finstere, wolkenverhangene Himmel war von den schwarzen Wipfeln der Tannenbäume nicht zu unterscheiden.

»Würde nur einer mit mir gehen!«, dachte Peter, »es ist ja, als würde ich in ein Tintenfass eintauchen. Rundherum alles schwarz!«

Die Tiere des Waldes schliefen längst. Nur hier und da raschelte es in den Büschen neben dem Weg. Peter schaute nach links, nach rechts und ab und zu auch nach hinten.

»Das bringt überhaupt nichts!«, sagte er zu sich selber. »Diese Dunkelheit ist derart undurchdringlich, als würde ich ins Leere blicken. Ich muss jetzt hier durch! Aber noch einmal gehe ich diesen Weg nicht!«

Sein Herz schlug ihm bis zum Hals. »Was hat das heute nur zu bedeuten?«, grübelte er und versuchte, eine harmlose Antwort zu finden.

Dann gelangte er zu einer Wiese, die diesen unendlich erscheinenden Wald unterbrach. Der Duft der Tannen, den er die ganze Zeit eingeatmet hatte, war jetzt vermischt mit dem Hauch von Gras und Blumen. Irgendwie erschien ihm die Wiese wie eine Befreiung. Da erklang mit einem Male aus allen Richtungen eine wundersame Musik, so als hätte sich der ganze Wald, jeder Baum und jeder Strauch, ein Instrument genommen, um darauf die schönsten Melodien zu spielen.

»Was ist das?«, fragte sich Peter, »höre ich Musik mitten im Wald? Ich bin doch bei klarem Verstand. Zu viel Wein habe ich doch auch nicht getrunken!«

Er ließ sich auf einem Baumstumpf nieder, blickte um sich und lauschte den fröhlichen Klängen zu dieser ungewöhnlichen Zeit. Die Wiese lag weit ausgebreitet vor ihm. Da erblickte er plötzlich zwei Gestalten, die langsam, fast schwebend, auf ihn zukamen. Sie näherten sich geräuschlos. Dann sah er plötzlich seine Braut mit ihrer Mutter in voller Lebensgröße vor sich stehen.

»Wo kommt ihr denn jetzt her?«, fragte Peter erstaunt. »Seid ihr mir gefolgt durch den dunklen Wald, und ich habe euch nicht bemerkt?« Beide sprachen kein Wort, sondern bewegten sich wiegend zum Klang der nächtlichen Musik. Die Braut deutete dann mit einer Handbewegung an, Peter möge mit ihr tanzen. Aber der junge Mann lehnte dieses Angebot ab. Er war zu erschrocken über das plötzliche Erscheinen der beiden Frauen. Fragend blickte die Braut ihn an und versuchte noch einmal, ihn zum Tanz zu bewegen. Aber Peter war die ganze Sache nicht geheuer. »Nein, ich will nicht! Warum sprecht ihr nicht?«, fragte er.

In diesem Moment trat die Braut mit einem großen Schritt auf Peter zu und gab ihm einen heftigen Kuss auf seine linke Wange. Noch bevor er etwas sagen konnte, waren die beiden Frauen wie vom Erdboden verschwunden, genauso wie die Musik, die nicht mehr zu hören war. Doch sie wurde jetzt abgelöst von einem Sausen und Brausen in den Lüften, dass Peter die Hände schützend über den Kopf hielt. Ein Sturm kam auf, der die Bäume arg zauste, in alle Himmelsrichtungen beugte und aus den Wurzeln zu sprengen drohte.

So schnell Peter konnte, lief er in Richtung Berlingen. Schließlich hatte er sein Ziel erreicht. Todmüde fiel er auf sein Bett und schlief sofort ein, ohne seine schweißgetränkten Kleider zu wechseln. Erst am nächsten Morgen erwachte er mit bleischweren Gliedern und trat vor den Spiegel.

»Mein Gott, wie sehe ich denn aus?«, fragte er sich, als er dort sein bleiches Gesicht erblickte. Dann bemerkte er einen schwarzen Fleck auf seiner linken Wange.

»Was ist das? Habe ich im Holzkohlenkasten geschlafen heute Nacht?« Er nahm einen Lappen und etwas Wasser und versuchte, den Fleck abzureiben. Aber es wollte ihm nicht gelingen, ihn zu entfernen.

»Das ist doch genau die Stelle, auf die …!« Peter wurde es heiß und kalt zugleich, und ein Schaudern überkam ihn.

»Das kann nicht sein, das darf nicht sein!«, rief er. Und immer wieder versuchte er, den Fleck zu entfernen. Es gelang ihm nicht, und bis zum Ende seines Lebens musste er dieses Mal tragen.

Von seiner Braut hielt er sich seither fern, denn ihm war klargeworden, was in dieser Nacht im Wald geschehen war und mit wem er es zu tun hatte.

DER GEIST VOM SCHILDGENKREUZ

Es soll so um das Jahr 1803 gewesen sein, zur Herbstzeit. Ein heißer Sommer hatte sich verabschiedet, und an seine Stelle trat jetzt der Herbst mit all seinen unangenehmen Seiten. Kalte Regenschauer, begleitet von heftigen Stürmen, gingen über das Eifelland. Außerdem wurde es von Tag zu Tag kälter.

Aus dem Mosbrucher Weiher, dort, wo um Mitternacht zahlreiche Irrlichter über die Moore schwebten und manchen nächtlichen Wanderer schon in sein Verderben gelockt hatten, stiegen mächtige Nebelschwaden auf und entkamen durch die hohen Tannen zum Gipfel des Hochkelbergs.

Keine Menschenseele war unterwegs; selbst die Tiere des Waldes und der Lüfte hatten Schutz gesucht vor Kälte, Sturm und Regen. Alles war beängstigend leer und einsam. Der Tag neigte sich seinem Ende entgegen, und zwar früher als sonst, denn der bedeckte Himmel ließ das Licht schneller schwinden. Die Wolken schnellten eilig von Horizont zu Horizont.

Doch da tauchte plötzlich ein Mann auf, der von Riedberg herkam. Er hatte den Mantelkragen hoch in den Nacken geschlagen und den Hut mit der breiten Krempe weit in sein Gesicht gezogen. Er ging tief gebeugt gegen den starken Wind. Der Regen peitschte ihm entgegen, und die kalten Tropfen liefen ihm an Hals und Nacken hinab. Sein Blick war streng zum Boden gerichtet.

Der einsame Wanderer war der Bauer Schildgen, der jetzt aus einem Waldstück auf eine größere Weide gelangte. Von dort aus bemerkte er in der Ferne ein Licht, das er mit großen Schritten ansteuerte. Das Licht, das ihm nun den Weg wies, kam aus der Gaststube von Kläschen. Der Gedanke an einen Korn und ein Pfeifchen im Trockenen ließen dem Bauern die Beine leichter werden; der Wind erschien ihm längst nicht mehr so heftig, und bald gelangte er an sein Ziel.

Er betrat den winzigen und niedrigen Raum, der nur von zwei Öllämpchen spärlich beleuchtet wurde. Nur Kläschen, der Wirt, war anwesend und schmauchte behaglich an seiner Pfeife, als der Besucher, vollkommen nass und durchgefroren, eintrat und sich auf der Bank neben dem warmen Kachelofen niederließ.

Es dauerte nicht lange, da betraten Jupp und Pitter gemeinsam die Gaststube. Schnell kamen die drei ins Gespräch über Haus, Hof und Vieh. Der Schnaps ließ die Zeit schnell verrinnen. Und dann war es so weit. In bester Laune begann einer die Karten zu mischen und gab sie mit schnellen Fingern aus. Die Blätter knallten auf die Eichenplatte. Und schon bald schlug die alte Standuhr drüben in der Ecke elf Uhr, eine Stunde vor Mitternacht.

Als Bauer Schildgen das Zeichen vernahm, ergriff ihn mit einem Male die Eile. Er verabschiedete sich schnell von den anderen, steckte seinen Gewinn in seine Hosentasche und begab sich wieder hinaus in die unfreundliche und stürmische Nacht. Obwohl die Öllampen in der Gaststube nicht gerade helles Licht gespendet hatten, erschien ihm das Dunkel der Nacht so schwarz wie nie zuvor. Die Feuchtigkeit kroch ihm bald wieder durch den Mantel bis auf die Haut und er dachte, dass das stundenlange Aufwärmen in der warmen Stube jetzt die Temperatur hier draußen noch unangenehmer erscheinen lasse. Eilig bewegte er sich jetzt nicht nur seinem Haus im nächsten Ort, sondern auch der Geisterstunde entgegen. Der Nebel wurde immer dichter und undurchsichtiger. Er konnte diesen Weg nur gehen, weil er ihn kannte.

Im Wald zwischen Ueß und Katzwinkel hörte Bauer Schildgen plötzlich ein Käuzchen rufen. Die Baumwipfel schlugen im Sturm gegeneinander, und dort, wo zwei dickere Äste aneinanderrieben, entstand ein lautes, eindringliches Knarren, das vielfach widerhallte.

Dann plötzlich wurde ein langes, klagendes und durchdringendes Geheul hörbar, das mit einem schrillen Gerassel einer Kette einherging. Im selben Moment stand, wie vom Himmel gefallen, ein großer schwarzer Wolfshund mit zottigem Fell und aufgerissenen glühenden Augen vor ihm und versperrte ihm drohend den Weg. Die lange Zunge des Tieres hing triefend zwischen den furchtbaren Reißzähnen heraus.

Der Bauer nahm allen Mut zusammen und versuchte, an dem Tier vorbeizukommen. Doch ganz gleich, welche Seite des Wegs er einschlagen wollte, immer wieder stellte es sich vor ihn, so dass kein Vorbeikommen möglich war. Die Augen des Untiers wurden hingegen immer heller und glühender.

Schildgen wusste sich keinen Rat mehr. »Was hat das Tier vor, wie kann ich mich retten, wer kann mir helfen?« Diese Gedanken schossen ihm durch den Kopf. Doch dann war das Ungeheuer so schnell, wie es erschienen war, auch wieder verschwunden. Der Bauer war sichtbar erleichtert und glaubte, noch einmal Glück gehabt zu haben. Er nahm sich insgeheim vor, diesen Weg nie wieder zu gehen; da spürte er plötzlich das Tier hinten auf seinen Schultern. Die Pranken lagen an seinem Hals, dass ihm die Luft wegblieb, und das feurige Hecheln versengte ihm Hals und Ohr.

Vergeblich versuchte Schildgen, den Quälgeist abzuschütteln. Aber es gelang ihm nicht. Auch war er nicht in der Lage, sich von der Stelle zu bewegen. Wie angewurzelt musste er sich alles gefallen lassen, was das Tier mit ihm trieb. Die Last war so schwer, dass der Bauer fast in die Knie sank.

Es war ein ungleicher Kampf, der sich dort im Wald zur Geisterstunde abspielte. Mit natürlichen Kräften aus ihm als Sieger hervorzugehen, erschien aussichtslos.

Schildgen war inzwischen schweißgebadet, einerseits von der Anstrengung, andererseits aus Mangel an Luft, denn das Tier hielt ihm immer noch von hinten den Hals zu. Mit letzter Kraft flüsterte er ein Stoßgebet und gab das Versprechen, an dieser Stelle ein Kreuz errichten zu wollen, wenn er aus seiner Lage freikäme.

In diesem Moment fand der Spuk ein Ende, und Schildgen gelangte völlig erschöpft und leichenblass in den frühen Morgenstunden zu Hause an. Er berichtete von seinem Erlebnis und ließ bald darauf das versprochene Kreuz an der Stelle des Spuks errichten.

DER WERWOLF UND DAS MÄDCHEN

Wieder war es Sommer geworden, und der Schäfer hütete auf den Wiesen und Weiden um Rodenbach eine große Schafherde. Der Weg zu seinem Haus war zu weit, um dort das Mittagessen, das seine Frau zubereitet hatte, einzunehmen. Außerdem konnte er die Herde nicht aus den Augen lassen, da sich hier in der letzten Zeit Wölfe herumtrieben.

Der Schäfer hatte deshalb mit seiner Frau die Abmachung getroffen, dass die Tochter zur Mittagszeit das Essen in einem Korb hinaus auf die Wiese bringen sollte.

Nun war es Mittag geworden, die Luft flimmerte vor Hitze, und von Ferne hörte der Schäfer die Glocken der Pfarrkirche. Ungeduldig blickte er sich um. Da bemerkte er auch schon am Waldrand seine Tochter. »Es wird auch Zeit!«, sagte er scherzhaft, »mein Magen brummt schon so laut, dass ich die Schafe erschrecke!«

»Hier bringe ich dein Essen, Vater!«, sagte die Tochter.

»Ich werde es mir schon schmecken lassen!«, war die Antwort des Vaters, als er zum Brotlaib griff.

Während er aß, lag seine Tochter im Gras und beobachtete den Flug der Lerchen hoch oben am blauen Himmel.

»Es hat mir sehr gut geschmeckt!«, bemerkte der Schäfer nach einiger Zeit, als er gerade den letzten Bissen kaute. »Bleib bitte noch etwas hier bei den Tieren. Ich habe noch etwas zu erledigen. Den Hund lasse ich dir hier. So brauchst du keine Angst zu haben!«

»Aber was ist mit den Wölfen, von denen du uns erzählt hast? Wenn die aus dem Wald kommen?«

»Jetzt bist du doch hier und der Hund auch!«, gab der Vater zur Antwort. »Ich werde ganz bestimmt nicht lange fortbleiben. Wenn sich aber dennoch ein Wolf nähern sollte, dann bind' schnell deine Schürze ab und halt' sie ihm hin. Dann wird dir nichts geschehen!«

Nach diesen Worten hatte es der Schäfer mit einem Male sehr eilig und entfernte sich mit schnellen Schritten in Richtung Waldrand. Bald verlor die Tochter ihren Vater aus den Augen.

Das Mädchen aber hatte Angst. Das Herz schlug ihr bis zum Hals, die linke Hand hatte sie krampfhaft in der Mähne des Hundes vergraben, der neben ihr lag. Zu oft hatte der Vater von den Wölfen erzählt und wie gefährlich sie für Menschen und Tiere sein sollten. Jetzt ließ der Vater sie allein mit der großen Herde.

Mit einem Male sprang der Hund aufgeregt aus dem Gras auf. Sein Schwanz wedelte heftig, und sein lautes Bellen durchdrang die Mittagsruhe.

»Rex, was ist? Bleib hier!«, rief das Mädchen, das jetzt auch aufgestanden war. Es blickte über die unendlich erscheinende Fläche der Schafsrücken. Am anderen Ende der Herde herrschte Unruhe, die sich schnell auf alle Tiere übertrug. Das Blöken wurde lauter und vielfältiger. Und dann sah das Mädchen am Rande des Waldes das zottige Fell eines Wolfes, der sich schnell näherte. Es dachte an die mahnenden Worte des Vaters und nahm schnell ihre Schürze ab. Da stand der Wolf auch schon vor ihr mit bedrohlich leuchtenden Augen. Seine spitzen Reißzähne blinkten in der Sonne, und er knurrte furchterregend.

Als er die Schürze erblickte, schnappte er gierig zu und zerriss sie in tausend Stücke. Das Mädchen beobachtete alles ganz genau und hoffte nur, dass der Wolf sich mit der Schürze begnügen würde. Am liebsten hätte sie es aber gehabt, wenn ihr Vater wieder bei ihr gewesen wäre. Weit konnte er nicht sein. Eigentlich hätte er dem Wolf begegnen müssen; dieser war aus der gleichen Richtung gekommen, in die der Vater gegangen war.

Als die Schürze vollkommen zerstört war, wandte sich der Wolf knurrend um und suchte mit tropfendem Maul das Weite. Er verschwand ebenso schnell, wie er gekommen war.

Bald danach wurde die Herde wieder ruhig und der Schäfer kam zurück. »War ein Wolf hier?«, war die erste Frage an seine Tochter.

»Ja!«, sagte sie. »Bald, nachdem du gegangen warst, ist ein Wolf aus dem Wald gekommen und hat mir mächtig Angst gemacht!«

»Und hast du ihm deine Schürze hingehalten?«

»Genauso, wie du es mir aufgetragen hast. Sieh doch, wie viele Stofffetzen hier herumliegen!«

»Das war gut, meine Tochter, sonst hätte er dich anstelle der Schürze zerrissen!«, sagte der Vater lobend und lachte ganz merkwürdig.

DER WERWOLF AUS ZWEIFALL

Einst wollte ein junger Mann aus Zweifall im Nachbarort seine Hochzeit feiern. Mit seinem Vater, seinen Geschwistern und einer großen Anzahl von Verwandten war er früh morgens nach Yenwegen aufgebrochen. Es war eine bunte und lustige Gesellschaft, die singend, lachend und Scherze machend durch Wald und Aue spazierte. Auch das Wetter schloss sich der guten Stimmung an und zeigte sich von seiner besten Seite, als hätte es gewusst, dass heute ein ganz besonderer Tag war. Keine Wolke verdeckte den Himmel, die Sonne erwärmte mit ihren Strahlen den frühen Morgen, und die Lerchen brachten ihr Ständchen hoch in den Lüften.

»Wie gut, dass wir uns schon so früh auf den Weg begeben haben!«, sagte der Bräutigam.

»Ja, ja, mein Sohn!«, erwiderte der Vater, »dann ist dein schöner Tag auch viel länger. Du wirst bald erkennen, frühes Aufstehen hat noch nie geschadet!«

»Schlafen könnte ich vor Aufregung und Spannung ohnehin nicht mehr!«

»Schade nur, dass deine Mutter und deine Schwester heute Morgen nicht mit uns gehen konnten!«, sagte ein Verwandter, der das Gespräch zwischen Vater und Sohn mitangehört hatte.

»Einer muss die Tiere im Stall ja versorgen!«, sprach der Vater. »Die hätten bestimmt kein Verständnis für die Hochzeit meines Sohnes!«

Die Zeiten damals waren nicht besonders sicher. Unberechenbare Wegelagerer, brutale Räuber und dunkles Gesindel trieben sich in den dichten Wäldern und an den einsamen Landstraßen herum, um hilflosen Wanderern ihr Hab und Gut abzujagen und sich selbst damit zu bereichern. Keine Gefahr bestand allerdings für die Hochzeitsgesellschaft. Diese war in der Überzahl und musste einen Überfall nicht fürchten. Mutter und Schwester sollten später den belebten, dafür aber etwas weiteren Umweg über Mulartshütte gehen, um sich keiner Gefahr auszusetzen.

Das Vieh im Stall war bald versorgt, das Haus gut verschlossen und gesichert, und so begaben sich die beiden ruhigen Gewissens und voller Vorfreude auf den Weg zum Ort der Hochzeit.

»Gefällt mir gut, deine schöne blaue Schürze!«, sagte die Tochter zu ihrer Mutter.

»Die habe ich mir extra für das hohe Fest heute zugelegt!«, erwiderte die Mutter stolz. »Es ist echtes feines Leinen!«, ergänzte sie und strich nochmals mit der Hand über die Schürze, um ihr einen richtigen Sitz zu geben.

Die beiden waren schon eine ziemliche Strecke gegangen, als das Mädchen plötzlich entsetzt aufschrie: »Sieh mal, Mutter, da vorne, was ist das?« Dabei deutete es aufgeregt mit der Hand auf den Weg.

Mit großen Sprüngen kam ein Untier mit glühenden Augen und fletschenden Zähnen auf die beiden zugelaufen.

»Himmel, hilf!«, rief die Mutter entsetzt, »das ist ein Werwolf am helllichten Tag!«

»Was sollen wir machen?«, rief das Mädchen mit angsterfüllter Stimme.

»Einen Knüppel, wir brauchen einen starken Knüppel!«, erwiderte die Mutter. »Schnell, schnell, mach nur!«

»Den haben wir nicht!«, erwiderte das Mädchen ängstlich und blickte auf den Wolf, der immer näher auf die beiden zukam.

»Irgendwie muss ich uns verteidigen«, dachte die Mutter und riss die Bänder der Schürze herunter, knüllte sie zusammen und warf diese dem Wolf, als dieser unmittelbar vor ihnen stand, in das weit aufgerissene Maul.

Der Wolf war so erschrocken, dass er knurrend von beiden Personen abließ und mit eingezogenem Schwanz in das nächste Gebüsch sprang. »Gott sei Dank!«, seufzte die Mutter erleichtert, »das ist ja gerade noch einmal gutgegangen. Nicht auszudenken, was uns beiden hätte passieren können!«

Mutter und Tochter gingen nun weiter, ihre Knie zitterten noch lange und immer wieder warfen sie einen Blick zurück zu der Stelle, an der das Untier verschwunden war.

»Ob er es noch einmal versuchen wird?«, fragte die Tochter.

»Kind, das kann ich dir nicht sagen, das weiß niemand!«, antwortete die Mutter, »aber ich glaube nicht, der hat genug! Aber genau sagen kann ich es dir nicht. Diese Wesen sind unberechenbar. Es ist besser, wenn wir die Augen aufhalten!«

Es lag noch ein ganzes Stück Weg vor ihnen. Jedes Mal, wenn am Wegrand im Gebüsch eine Amsel im Laub scharrte oder andere Tiere des Waldes das Weite suchten, erschraken die beiden.

Dann endlich tauchten die ersten Häuser von Yenwegen in der Ferne auf, und sie hatten ihr Ziel erreicht.

»Wie seht ihr denn aus?«, war die erste Frage des Vaters. »Ihr seid ja kalkweiß im Gesicht, und der Schweiß perlt euch von der Stirn. War der Weg zu anstrengend für euch? Wie konnte ich nur so nachlässig sein! Eine Kutsche hätte ich euch schicken müssen. Ihr seid ja völlig erschöpft!«

Mutter und Tochter berichteten nun abwechselnd von ihrem Erlebnis, und alle hörten aufmerksam zu. Die ganze Hochzeitsgesellschaft war froh über den glücklichen Ausgang der unheimlichen Begegnung.

Als das reichliche Hochzeitsmahl auf dem festlich gedeckten Tisch serviert wurde und alle mit vollen Gläsern dem Hochzeitspaar zuprosteten und Glück für die Zukunft wünschten, waren die Ereignisse vom Morgen auch bei Mutter und Tochter bald vergessen.

»So hat der Tag sich doch noch zum Guten gewendet!«, sagte die Mutter lachend zu den Gästen.

»Eine Hochzeit und ein reich gedeckter Tisch ist immer etwas Gutes. Prost!«, rief einer in die Runde.

Das Mahl begann, und jeder freute sich, dabeisein zu dürfen. Der große Raum war erfüllt von Lachen und Gemurmel.

Nach einer Weile stieß die Tochter die Mutter, die neben ihr an der Tafel saß, unter dem Tisch mit dem Fuß an.

»Ist etwas, Kind?«, fragte diese.

»Mutter, schau einmal ganz unauffällig nach dort schräg gegenüber. Siehst du den Mann, der dort sitzt?«

Die Mutter blickte hinüber und wollte ihren Augen nicht trauen. Dem Mann, den zuvor niemand beachtet hatte, hingen die Fäden der neuen blauen Schürze, die die Mutter sich genäht hatte, zwischen den Zähnen. Die Fäden wurden besonders gut sichtbar, wenn er lachte oder die Gabel zum geöffneten Mund führte.

»Kind, das ist der Oheim der Braut!«, flüsterte die Mutter. »Ich kann es nicht glauben!«

»Weißt du, was er vor Stunden von uns wollte?«

»Tochter, frag nicht! Lass es so, wie es ist! Wir haben Glück gehabt! In Zukunft sollten wir auf den Oheim achten.«

HABGIER, NEID UND MISSGUNST

DER GEISTERTROMMLER

Viele, viele Jahre ist es her. Von der Kasselburg bei Pelm waren noch große Teile der Mauern vorhanden. Wind und Wetter hatten sie noch nicht zerstört. Geheimnisvolle Stollen und Gänge durchzogen das Innere der Anlage und machten das schweigende Gemäuer für alle, die es betraten, noch unheimlicher.

Da wurde eines Sommertages ein kleiner Hund entdeckt, den niemand kannte und den niemand zuvor gesehen hatte. Er kam zwischen den Bruchsteinen aus einer Höhle oder einem unterirdischen Gang hervor. Das Tier trug etwas im Maul, das man nicht sofort erkennen konnte. Doch beim näheren Hinsehen stellte man fest, dass es sich um einen Lederbeutel handelte, um einen sehr alten Lederbeutel; denn das Material war schon spröde und brüchig. Der Finder, der den Hund beobachtet hatte, öffnete den Beutel und fand darin eine größere Menge an Gold- und Silbermünzen. Hocherfreut ob des unerwarteten Geldsegens nahm der Mann den Hund mit nach Hause und ging dann schnell zu einem Freund, dem er die Geschichte seiner Entdeckung berichtete.

»Vielleicht hat der Hund den Gang gefunden, der die Kasselburg mit der Löwenburg verbindet!«, mutmaßte der eine.

»Ja!«, erwiderte der andere, »mein Großvater hat immer von so einem Gang gesprochen, nur keiner wusste genau, wo der sein sollte!«

Beide Männer blickten sich einen Moment schweigend an. Dann begann der Finder: »Du denkst das Gleiche wie ich, stimmt es?«

»Ja, genau! Da kann noch mehr liegen. Vielleicht ein großer Schatz. Dann wären wir endlich reich!«

Die beiden zögerten nicht lange. Sie nahmen den kleinen Hund und eilten zur Burg. An der Stelle, an der der Hund aufgetaucht war, sollte die Suche beginnen. Aber der Hund war beim besten Willen nicht dazu zu bewegen, erneut in das Dunkel der Ruine zu schlüpfen.

»Versuch es noch einmal, er muss dort hinein!«, sagte einer der beiden ungeduldig. Aber es gelang ihnen nicht.

»Wir müssen etwas anderes versuchen!«

»Nicht mit mir!«, erwiderte der andere spontan. »Mich bekommst du nicht dort hinein, da mag der Schatz noch so groß sein. Nicht für alles Geld der Welt, nein!«

»Wir müssen es ja gar nicht tun. Aber ich könnte mir vorstellen, dass junge Burschen, die Geld benötigen, für einen Taler den Mut hätten, hier zu suchen!«

Die beiden beschlossen, sich nach solchen umzutun.

Am nächsten Tag gingen sie in die Dorfschänke und sprachen zwei junge Männer an, die sie schon vom Sehen her kannten und die einen besonders ärmlichen Eindruck machten: »Ihr dürft aber mit niemand darüber sprechen, sonst gibt es keine Belohnung!«, war die Bedingung.

»Ist doch klar!«, sagte einer der Angesprochenen. Beide erhielten fünfzig Kreuzer als Anzahlung und einen weiteren Schnaps. Der sollte den beiden Freiwilligen Mut machen.

Die vier begaben sich nun gemeinsam zu der Burg. Die Sonne stand schon tief, und es war nicht anzunehmen, dass ihnen jetzt noch jemand folgen würde. Dennoch blickten die beiden Auftraggeber häufig zurück, um ganz sicher zu sein. Aber niemand kam ihnen nach.

Als sie am Eingang des Ganges angekommen waren, hoben sie einige Steine zur Seite, um einen Einstieg zu schaffen. Eine Stalllaterne und eine Pechfackel wurden entfacht. Dann begaben sich die beiden jungen Männer zögernd in das Dunkel der Höhle. Die Auftraggeber blickten ihnen von draußen nach. Zunächst drang noch der beißende Qualm der Pechfackel aus dem Innern, der dann langsam nachließ, ebenso wie die Stimmen, die immer leiser wurden. Dann war nichts mehr zu hören und zu riechen. Auch der Lichtschein war nicht mehr zu erkennen.

»Die Fackel ist bestimmt erloschen, es kommt kein Qualm mehr heraus!«

»Die sind schon zu weit in der Höhle drin!«, erwiderte der andere. »Der Qualm verliert sich oder zieht woanders ab!«

»Oder haben die vielleicht keine Luft mehr?«

»Weiß ich nicht, aber es wird schon alles richtig sein. Ich glaube fast, du bist für solche Sachen zu ungeduldig!«

Mit einem Male wurden die Stimmen aus dem Innern wieder lauter. Die beiden Wartenden atmeten erleichtert auf. Auf den Knien rutschend tauchten die beiden jungen Männer auf. Ihre Gesichter waren verdreckt und ihre Kleidung war durchnässt. Sie konnten nicht schnell genug aus dem Gang herauskommen.

»Was habt ihr erreicht, was ist da drinnen?«, war die erste Frage von draußen.

»Nichts, nichts als Steine und dicke Wurzeln von Bäumen, die uns von oben her den Weg versperrten. An manchen Stellen kamen wir nur mit Mühe und Not durch!«

»Ja, armdicke Wurzeln, die wie dicke Spinnenbeine von oben herabhingen!«, fügte der andere hinzu. »Dann war plötzlich nur noch ein schmaler Durchlass vor uns. Wir hätten uns zwar mit Mühe hindurchzwängen können. Aber das wäre zu gefährlich gewesen. Wenn wir verschüttet worden wären, hätte das niemandem genutzt!«

Aber ganz erfolglos war das Unternehmen nicht gewesen. Denn einer der beiden jungen Leute zog jetzt aus einem mitgeführten Jutesack eine verrostete Schwertscheide heraus. Die beiden Auftraggeber sahen jetzt wieder einen großen Schatz im Innern der Burg vor sich. Deshalb verdoppelten sie ihr Angebot.

»Um keinen Preis der Welt würden wir wieder hinabsteigen!«, war die einhellige Antwort. »Glaubt uns, es würde uns das Leben kosten. Ein unachtsam gelöster Stein könnte das Gewölbe zum Einsturz bringen. Wir lassen es lieber. Wir sind noch zu jung, um zu sterben!«

Doch der Fund der verrosteten Schwertscheide ließ die Gier der beiden Auftraggeber noch größer werden. Der Gang musste zu einem großen Schatz führen. Doch wie konnte man es bewerkstelligen, ihn zu bergen, ohne selbst in Gefahr zu geraten?

Beide überlegten krampfhaft und erinnerten sich bald daran, dass es damals durchaus üblich war, Schwerverbrechern, die zu lebenslanger Kerkerhaft verurteilt waren, die Freiheit zu schenken, wenn sie eine mutige Tat zum Nutzen anderer vollbrachten.

»Das ist die einzige Möglichkeit, eine andere gibt es nicht!«

»Das bedeutet aber, dass wir weitere Mitwisser bekommen und von dem Schatz abgeben müssten!«

»Wenn der groß genug ist, soll es mir recht sein!«

Doch die Antwort auf eine Anfrage im Kerker ließ lange auf sich warten. »Ich glaube, wir müssen uns doch etwas anderes ausdenken!«, sagte der eine.

»Vielleicht hast du recht!«, warf der andere resignierend ein.

Aber wenige Tage darauf wurde ein Mann gemeldet, der bereit war, durch eine wagemutige Tat seine Freiheit zu erlangen. Vor einigen Jahren war er wegen eines Überfalls auf eine Postkutsche zu lebenslanger Kerkerhaft verurteilt worden. »Und wenn man erst Mitte zwanzig ist«, so sagte er, »dann ist lebenslang eine sehr lange Zeit!«

Es dauerte noch einige Tage, bis sich der Gefangenentransport auf den Weg nach Pelm machen konnte. Erst an einem späten Abend gelangte der schwer bewachte Tross dort an. Er hielt vor der Gaststätte. Die Bewacher sprangen von der Kutsche und holten den Gefangenen, der an Armen und Beinen gefesselt war, aus dem Gefährt. Es war ein junger blonder Mann in grauer Sträflingskleidung mit kurzgeschorenen Haaren. Sein Gesicht war blass und ausdruckslos, seine Augen dunkel umrandet und tiefliegend. Die Anwesenden in der Gaststube musterten ihn skeptisch und schweigend. Es war hier durchaus nicht alltäglich, dass ein gefesselter Schwerverbrecher unter ihnen weilte.

Dann wurde ihm erklärt, welche Aufgabe er zu bewältigen hatte. Jedem der Anwesenden war bewusst, dass eine große Gefahr auf den Sträfling wartete und dass er die Habgier der Auftraggeber vielleicht mit seinem Leben bezahlen musste.

Mit einem Male wurde in der Gaststube heftig über den Sinn und Zweck des bevorstehenden Abenteuers diskutiert. Vielleicht war der Gefangene gar nicht schuldig und hatte nur aus eigener Not gehandelt, als er straffällig wurde. Aber eines war gewiss: Er wollte seine Freiheit wiedererlangen, er wollte leben, und dafür wollte er sein Leben einsetzen. Ein hoher Einsatz bei einem derart fragwürdigen Geschäft. War sie den Preis wert, diese Suche nach einem Schatz, der vielleicht gar nicht existierte, der nur in den Köpfen geldgieriger Menschen herumspukte?

Der Gefangene schwieg und wandte sich ab, als einer ihn fragte, warum er sich auf das unsichere Geschäft einlasse. Auch der Wirtin gelang es nicht, ihn zum Reden zu bringen, als sie ihm spät am Abend, alle anderen waren schon gegangen, einen Becher Wein brachte. Er kippte ihn nur schweigend in sich hinein.

Am nächsten Morgen, die Sonne schien prächtig, wurde der Gefangene in aller Frühe zur Kasselburg gebracht. Der Dorfschmied entfernte die Eisen von seinen Füßen, ohne Sorge haben zu müssen, dass der Gefangene fliehen könnte. Zu viele Bewacher mit scharfen Hunden waren zugegen.

Kurz vor dem Einstieg in den Gang erhielt der Gefangene seine Ausrüstung. Ein vom Schmied eigens angefertigter Metallhelm sollte Schutz vor herabfallendem Gestein bieten. Ein alter Kartoffelsack und eine Axt wurden mit einem starken Lederriemen an seinem Leib befestigt. Außerdem erhielt der Sträfling eine kleine Laterne und einen Spaten. Zuletzt wurde ihm eine Trommel mit zwei Stöcken gereicht.

Plötzlich drängte sich eine ältere Frau so schnell und unverhofft an den Bewachern vorbei, dass diese nicht mehr eingreifen konnten. Die Frau hatte ihr Kopftuch tief in ihr Gesicht gezogen. Schnell ergriff sie eine Hand des Gefangenen und flüsterte ihm einige Worte ins Ohr. Sogleich verschwand sie wieder in der Menge. Niemand wusste, wer diese Frau war. Später kam das Gerücht auf, dass es sich wohl um die Mutter des Gefangenen gehandelt habe.

Alle Blicke waren nun auf ihn gerichtet. Er stand stocksteif und totenbleich im Gesicht zwischen zwei Wachtposten und wartete auf das Zeichen zum Einstieg in den dunklen Gang. Er prüfte noch einmal den Sitz seiner Geräte, kontrollierte den Helm auf seinem Kopf und ließ dann zum Abschied einen lauten Trommelwirbel erschallen, der aus dem Tal widerhallte. Dann wandte er sich um und begann mit dem Abstieg in das unbekannte Dunkel unter der Burg.

Mit Spannung erwartete man draußen die ersten Trommelzeichen aus dem Innern. Und dann, mit einem Male, erklang es dunkel und dumpf aus der Tiefe. Doch plötzlich trat Stille ein, nichts war mehr zu hören. Ratlos fragte jeder, was nun geschehen solle. Man wartete bis zur Dunkelheit und beobachtete aufmerksam alle möglichen Ausgänge des Tunnels. Aber nichts tat sich. Der Trommler kam nicht mehr zum Vorschein. Und auch die Trommelschläge blieben weiterhin aus.

Was wirklich geschehen war, konnte sich keiner erklären.

Noch zehn Tage und Nächte wurde das Gelände untersucht und bewacht. Aber alles Warten blieb erfolglos.

Viele Jahre später – es dachte schon lange kein Mensch mehr an den Gefangenen und sein geheimnisvolles Verschwinden – fand ein Bauer bei seiner Feldarbeit ein auffälliges Stück Holz. Nach gründlichem Säubern mit reichlich Wasser und einer Wurzelbürste stellte es sich als Trommelstock heraus. Da entsann er sich wieder der lange zurückliegenden Ereignisse auf der Kasselburg und brachte abends seinen Fund mit in die Gastwirtschaft. Der Trommelstock wurde dort an der Wand befestigt. Jedem, der nach der Bedeutung fragte, wurde seine Geschichte ausführlich erzählt.

Rätsel und Vermutungen über den Verbleib des Gefangenen hielten sich über viele Jahre. Hatte er die Freiheit erlangt, vielleicht sogar mit dem Schatz? Oder war er in der Tiefe umgekommen? Einige behaupteten, den Trommler später draußen mit seinem Helm gesehen zu haben. Und Trommelschläge sollen in dieser Gegend heute noch zu hören sein.

DER GEIZMICHEL

Einst lebte auf seinem Hof in Katzwinkel ein hab- und raffgieriger Bauer. Jeder Taler, den er verdienen konnte, wurde gehortet, als wollte er nach seiner Zeit ein Vermögen im Jenseits anhäufen. Deswegen war er überalll nur als der »Geizmichel« bekannt.

Geizmichel verlieh aber auch Geld und forderte dafür hohe Zinsen. Besonders arme, in Not geratene Menschen nutzte er aus. Aber nicht nur bares Geld zählte zu seinen Einnahmen. Auch Kühe, Schafe und Ziegen nahm er gerne als Zins entgegen, um damit einen noch höheren Ertrag zu erzielen.

»Glaubt der Geizmichel denn, er würde ewig leben?«, fragten sich viele Leute in dem Ort, wenn wieder einmal bekannt wurde, dass er erfolgreich Zinsen eingetrieben hatte. »Das letzte Hemd hat doch keine Taschen!«

Im Laufe seiner raffgierigen Zeit hatte Geizmichel so manchem armen Menschen – und es waren auch nur arme Menschen, denn die Reichen mussten sich von ihm nichts leihen – die letzten Tiere aus dem Stall, den Hausrat aus der Stube und das Erbe abgenommen. Dessen anschließend noch größere Not interessierte ihn dann überhaupt nicht mehr.

Eines Tages kam ein armer Besenbinder aus Gefell, Jockem war sein Name, in höchster Not zu Geizmichel.

»Herr!«, sprach er mit leiser und untertäniger Stimme, »Herr, ich habe gehört, dass Ihr Geld verleiht!«

»Das ist richtig!«, antwortete Geizmichel, der schon wieder ein Geschäft roch. »Aber nicht umsonst, dass Ihr es gleich wisst und Euch keine falschen Vorstellungen macht. Ich muss schließlich auch leben, und das Leben ist teuer und hart!«

»Ich brauche eine Kuh. Die Milch der Ziege, die im Stall steht, reicht nicht aus, meine vier Kinder zu ernähren. Nur habe ich kein

Geld, eine Kuh zu kaufen. Kühe sind teuer, und ich bin nur ein armer Besenbinder!«

»Du sollst dir die Kuh kaufen!«, antwortete Geizmichel großzügig, als wollte er dem armen Mann das Geld schenken. »Ich borge dir das Geld. Wir machen eine entsprechende Vereinbarung, damit alles seine Richtigkeit hat. Für dich und für mich!«

Der Besenbinder erhielt nach Unterzeichnung eines Papiers das Geld und begab sich sogleich zum Markt, kaufte die Kuh und führte sie freudestrahlend nach Hause.

»Frau, ich hab' die Kuh!«, rief er schon von weitem. »Wir müssen sie gut versorgen, damit sie viel Milch gibt!«

Auch die Frau freute sich und glaubte, dass die Not jetzt ein Ende habe. An die Rückzahlung des geliehenen Geldes und an die Zinsen dachte in diesem Moment keiner von beiden.

Aber das Glück der Familie sollte nicht lange andauern. Einige Tage später war Jockem auf dem Heuboden. Er wollte Platz schaffen für Heu und Stroh, das Winterfutter für die Kuh. Lange war Jockem nicht mehr dort oben auf der Empore gewesen. Er hatte längst vergessen, dass dort eine morsche Bohle war, die er unbedingt austauschen musste. Er trat aus Unachtsamkeit auf diese schadhafte Stelle, der Untergrund gab nach, und der Besenbinder stürzte drei Meter tief auf den steinigen Tennenboden. Sein Aufschrei hallte durch das Haus, dass die Frau und die Kinder schnell herbeiliefen.

»Was ist geschehen, was ist passiert?«, schrie die Frau, als sie ihren Mann hilflos auf dem Boden liegen sah. Aus einer großen Wunde am Kopf rann das Blut auf den Tennenboden. Der herbeigerufene Wundarzt versorgte die Wunde. Aber so groß seine Bemühungen auch waren, nach vier Tagen verstarb Jockem, der Besenbinder, ohne das Bewusstsein wiedererlangt zu haben. In Hilgerath fand er einige Tage darauf seine letzte Ruhestätte.

Ein fleißiger und treusorgender Mann und Vater war seiner Familie genommen worden. Vier Kinder und eine Frau blieben zurück. Ihre Not wurde jetzt noch größer. Neben dem fehlenden Einkommen drückten jetzt auch noch die Schulden beim Geizmichel.

Als die Rückzahlung fällig wurde, wusste die Witwe keinen Rat mehr. Da beschlossen die Freunde und Nachbarn, ihr zu helfen. Sie sammelten, und jeder gab gerne, denn die Familie war beliebt. Und sie freuten sich, ein gutes Werk vollbracht zu haben. Einer von ihnen wurde beauftragt, dem Geizmichel das Geld zu überbringen.

»Hier bringe ich dir das Geld, das du dem Besenbinder geliehen hast!«, sagte er und legte ein Säckchen mit klingenden Münzen auf den Tisch. »Zähl' es nach, damit es nachher nicht heißt, es wäre nicht auf Heller und Pfennig zurückgezahlt worden!«, forderte der Überbringer den Geldverleiher auf.

Gierig griff dieser nach dem Säckchen, öffnete es und ließ den gesamten Inhalt auf den Tisch rollen.

»Der gesamte geliehene Betrag auf einmal?«, fragte Geizmichel.

»Zähl' nach, dann wirst du es gleich selbst erfahren!«, war die Antwort. Geizmichel zählte das Geld und sagte: »Ja, das ist der Betrag, den ich ausgeliehen hatte! Gut, wir werden sehen!«

Die Witwe war ihren Helfern sehr dankbar und glaubte, jetzt wieder das Glück auf ihrer Seite zu haben. Wichtig war für sie, dass die Schulden aus der Welt waren, alles andere würde sich schon finden. Das Leben musste schließlich weitergehen.

Aber da hatte sie die unendliche und unmenschliche Habgier des Geizmichels noch nicht gekannt. Gleich am nächsten Morgen begab er sich in aller Frühe auf den Weg zu der Besenbinderwitwe.

»Wo bleiben meine Zinsen für das geliehene Geld?«

»Aber Ihr habt doch das geliehene Geld zurückbekommen! Gestern war das!«, antwortete die Frau.

»Frau, hört mir doch zu!«, erwiderte Geizmichel mit energischer Stimme. »Ich rede von den Zinsen, nicht von dem geliehenen Betrag. Da besteht ein großer Unterschied. Und die Zinsen werden fällig für die Zeit des Ausleihens bis gestern!«

»So habt doch Erbarmen!«, flehte die Frau, »ich habe das Geld nicht. Ich bin doch froh und dankbar, dass mir Freunde und Nachbarn wenigstens so weit geholfen haben, den großen Betrag zurückgeben zu können. Ich kann doch die Hilfsbereitschaft jetzt nicht noch weiter ausnutzen. Lasst es doch damit gut sein!«

»Das ist Eure Sache allein, wie Ihr das macht. Ich habe auch nichts zu verschenken!«, entgegnete der Geizmichel. »Ich gebe Euch ausnahmsweise eine Woche Zeit, das Geld zu beschaffen. Dann komme ich wieder. Habt Ihr das Geld nicht, dann nehme ich die Kuh mit. Ich glaube, das ist ein angemessener Zins!«, sagte er lachend mit lauter Stimme. »Ja, nur so geht die Rechnung auf!«

»Lasst mir doch bitte die Kuh!«, bettelte die Frau, wobei sie Geizmichel die gefalteten Hände entgegenstreckte. »Sollen denn meine Kinder verhungern? Es geht nicht um mich. Habt doch Erbarmen mit den Kindern, denen durch ein Unglück der Vater genommen wurde!«

Geizmichel aber verlor kein Wort mehr. Er eilte nach Hause.

Die Woche verging, und die Frau konnte das Geld nicht auftreiben. Sie hatte es auch gar nicht versucht, denn sie schämte sich, ihren Helfern etwas von der schändlichen Forderung zu erzählen. Insgeheim hoffte sie auch, dass Geizmichel nicht noch einmal erscheinen würde.

Es war ein stürmischer, kühler Herbsttag, als Geizmichel sich wieder auf den Weg von Katzwinkel nach Gefell begab. Das Wetter war ihm einerlei, auch wenn er ständig darüber fluchte. Es konnte noch so heftig stürmen und schneien. Wichtig war für ihn nur, dass seine Rechnung aufging. Heute wollte er die Kuh holen, die ihm nach seiner Auffassung zustand.

»Natürlich nur, wenn die Frau das Geld nicht hat!«, brummte er vor sich hin.

Der mit schweren Regenwolken verhangene Himmel ließ den späten Nachmittag besonders dunkel und bedrohlich erscheinen. Geizmichel konnte kaum den Weg vor sich erkennen, dennoch kämpfte er gegen Wind und Wetter an. Er wusste, dass es nicht unbedingt erforderlich war, gerade heute diesen Weg zu gehen, aber es drängte ihn, seine Kasse in Ordnung zu bringen.

Geizmichel war ganz in Gedanken versunken, und das bedeutete stets in Gedanken an Geld und Reichtum. Der Regen klatschte ihm in das Gesicht, seinen großen Hut musste er festhalten, sonst hätte der starke Wind mit diesem ein leichtes Spiel gehabt.

Mit einem Mal stand mitten auf dem Weg ein kleines Männlein, als wäre es vom Baum gefallen oder aus der Erde herausgewachsen. Es hatte ein fahles, blutloses Gesicht mit tiefliegenden, stechenden Augen, die den Geizmichel zornig ansahen. Die dürren Finger, die aussahen wie Spinnenbeine, erhoben sich drohend gegen Geizmichel.

Der Schreck war diesem gewaltig in die Glieder gefahren, und er dachte: »Der Kerl sieht ja aus, als sei er gerade aus der Gruft entstiegen! Schrecklich! Was soll ich machen?«

Aber Geizmichel war hartnäckig. Bevor er sich geschlagen gab, versuchte er immer, aus der Situation herauszukommen. So erhob er schnell seinen Spazierstock, den er immer mitführte, und schrie: »Hinweg mit dir, geh mir aus dem Weg, oder ich schlage dir den Schädel ein!«

Aber die Drohgebärde schien nicht zu fruchten. Das Männlein lachte schallend, dass sich das Gesicht zu einem hässlichen Gebilde formte und nun noch mehr Furcht einflößte. Je lauter es lachte, desto heftiger entwickelte sich der Herbststurm mit seinem Rauschen in den Bäumen.

Geizmichel verstand sofort, dass seine Drohung nutzlos geblieben war. Er wollte die Flucht ergreifen. Obwohl ihm die Knie vor Angst zitterten, drehte er sich um und wollte das Weite suchen. Aber ehe er auch nur drei Schritte laufen konnte, war ihm schon das Männlein auf den Rücken gesprungen und hielt sich mit seinen langen und eiskalten Fingern an Geizmichels Hals fest. Es war wie eine riesengroße Schneidezange, die ihm die Luft abhielt. Geizmichel bangte und kämpfte nun um sein Leben. Ja, er spürte erstmals Todesangst. Wie oft hatten sich die Menschen in ähnlicher Angst befunden, denen er Geld geliehen hatte? Aber daran dachte er jetzt nicht. Immer fester drückte das Männlein zu, und die Luft wurde immer weniger.

Geizmichel wurde es schwarz vor Augen. Er fiel zu Boden. Doch kurz vor dem jämmerlichen Ersticken löste das Männlein seinen harten Griff. Michel rang nach Luft, wie ein Frosch, der nach Fliegen schnappt.

»Erbarmen, hör auf! Schluss, bitte, ich kann nicht mehr! Du bringst mich ja um!«, keuchte Michel.

Nach diesen Worten sprang das Männlein Geizmichel auf die Brust, griff erneut nach seinem Hals und ließ den Todesgriff erneut auf ihn wirken. Dabei blickte es mit den hasserfüllten und stechenden Augen sein Opfer an und schrie mit lauter Stimme: »Jetzt hörst du mir einmal zu! Zu lange hast du dein Unwesen getrieben. Schon zu lange habe ich es mit angesehen. Jetzt ist meine Geduld am Ende. Hör gut zu, was ich dir zu sagen habe. Ich sage es nur einmal, das muss ausreichen, um dich zur Vernunft zu bringen. Ab sofort wirst du deine Machenschaften unterlassen. Und die Frau, zu der du unterwegs bist, wird ihre Kuh behalten, sonst wird es dir schlecht ergehen. Meine Weisung und Forderung geht sogar noch weiter, hör gut zu! Du wirst die arme Frau unterstützen, solange du lebst! Verstehst du mich? Solange du lebst, wirst du die Frau unterstützen. Du hast genug Schlechtes getan, jetzt wirst du dafür büßen!«

Geizmichel lag nun auf dem Bauch, der Kobold kniete auf seinem Rücken. Sprechen konnte der Unterlegene nicht, er nickte nur noch, um seinen guten Willen zu bekunden.

Dann, mit einem Male, Geizmichel sah schon sein sicheres Ende vor Augen, hatte der Spuk ein plötzliches Ende. Der Kobold verschwand so schnell, wie er erschienen war. Doch es erklang nochmals seine tiefe und drohende Stimme aus dem nahen Wald: »Glaub ja nicht, Geizmichel, dass du mich hintergehen kannst! Hältst du nicht dein Wort, kehre ich zurück und drehe dir den Hals um. Auch wenn du dich versteckst, ich werde dich finden!«

Noch immer lag Geizmichel auf dem feuchten und schmutzigen Waldboden. Und er zitterte vor Angst am ganzen Körper, als er versuchte, sich aufzurichten. Es dauerte eine ganze Weile, bis er torkelnd auf seinen Beinen stand. Nur gut, dass ihn so keiner sehen konnte.

»Ja, ich will mein Wort halten! Ich halte mein Wort!«, rief er.

Dann erreichte Geizmichel endlich seinen Hof. Er betrat das Haus und schloss hinter sich hastig die Tür mit dem Riegel zu. Mit zitternden Händen zündete er eine Kerze an. Und als er in den alten Spiegel blickte, glaubte er, einen Fremden vor Augen zu haben. Sein Gesicht war bleich, eingefallen und geisterhaft, sein Haar schneeweiß geworden. Geizmichel erkannte sich selbst nicht mehr. Das Erlebnis hatte ihn zu einem alten Mann gemacht.

Von diesem Tag an dachte er nicht mehr daran, seine Reichtümer zu vergrößern. Auch seine letzte Schuldnerin, die Witwe des Besenbinders, konnte aufatmen. Geizmichel hatte keine Forderungen mehr.

DER SPUK DES GRENZSTEINVERSETZERS

Nachdem Michel aus Brücktal sein Handwerk zur vollsten Zufriedenheit seines Meisters erlernt hatte, kam er der Vorschrift seiner Zunft nach und begab sich mehrere Jahre auf Wanderschaft, um sein Können zu vervollständigen, Erfahrungen zu sammeln und anderen Menschen mit seinem Handwerk zu helfen.

Im Laufe der Zeit hatte er die unterschiedlichsten Gegenden durchwandert, eine große Anzahl fremder Menschen kennengelernt und viel gesehen und erlebt.

Michel hatte während seiner Wanderschaft sparsam gelebt und nur Geld für das Notwendigste ausgegeben, so dass er jetzt eine größere Menge Taler mit sich führte. Mit diesem Geld wollte er nach seiner Rückkehr aus der Fremde eine eigene Werkstatt in Brück eröffnen, eine Frau suchen und seine Eltern, die zeitlebens arm gewesen waren, unterstützen.

Bei diesen Gedanken konnte Michel nichts mehr in der Fremde halten. Er bekam mit einem Male großes Heimweh nach seinen Freunden und Verwandten in der Eifel, weshalb er schon am nächsten Morgen zu Fuß den Heimweg antrat.

Je näher er seiner Heimat kam, desto länger wurden seine Schritte, und der Gedanke, ob man ihn nach all den Jahren noch kennen würde, ließ ihn nicht mehr los.

Michel hörte auf seinem Heimweg immer wieder von einer unheimlichen Stelle oben bei Dietrichsbusch. Dort hatte einst, so hieß es, einen Grenzsteinversetzer seine gerechte Strafe ereilt. Hier hatte man seinen Frevel bemerkt und ihn kurzerhand am nächsten Baum aufgeknüpft. Und seit der Hinrichtung sollten sich dort unheimliche Ereignisse zugetragen haben. Man hörte dort grausames Heulen und Grölen in der Nacht. Klägliches Seufzen und Stöhnen ließen selbst die Tiere des Waldes erschrecken. Übergroße Schatten schweiften dort nachts im Nebel umher.

Erst vor wenigen Tagen sei dort, so hörte Michel, im Morgengrauen ein Händler von einem Wanderer gefunden worden. Sein Hals sei vollkommen verdreht gewesen; und als man den Toten umdrehte und sein Gesicht zum Vorschein kam, wiesen die erstarrten Gesichtszüge Spuren grässlicher Angst auf, die der Mann im Todeskampf durchgestanden haben musste. Jeder konnte sich ausmalen, was der Geist, der dort sein Unwesen trieb, anstellte, um diese Spuren zu hinterlassen.

Aber Michel, der in den vergangenen Jahren viel erlebt und auch glücklich überstanden hatte, war guten Mutes. Er glaubte an nichts Schlimmes und war der festen Überzeugung, mit dem Geist fertigzuwerden.

Nun saß er auf dem Wagen eines Viehgespannes neben einem Bauern, der ihn ein Stück in Richtung Heimat mitnahm. Der wusste ebenfalls von dem grausamen Geist zu berichten. Bei diesem handele es sich um einen Unglückseligen, der in seinem Grab keine Ruhe finden könne und deshalb Nacht für Nacht die Lebenden in Angst und Schrecken versetze. Michel solle auf keinen Fall an dieser Stelle vorbeigehen, schon gar nicht in der Nacht. Der Bauer bot ihm an, für diese Nacht Gast in seinem Haus zu sein. Seine Frau würde ihn bewirten. Und am nächsten Morgen solle Michel ausgeruht und gesättigt seinen Heimweg fortsetzen.

Das Angebot des Bauern war verlockend. Aber als Michel in der Ferne die Hohe Acht und den Hochkelberg im Abendrot erblickte, schlug mit einem Male sein Herz höher vor Freude. Und vollends überzeugte ihn der Anblick der Zinnen der Nürburg. Nicht weit davon entfernt lag sein Vaterhaus.

Michel sprang vom Wagen, bedankte sich bei dem Bauern und eilte weiter. Dass der Bauer, der es gut mit ihm gemeint hatte, sich mehrmals bekreuzigte, nahm er nicht mehr wahr.

Das Abendrot wich sehr schnell der Dämmerung und dann der Nacht mit ihrer Kühle. Der Atem Michels wurde sichtbar, und Nebel stieg aus Wiesen und Bächen.

Es war fast Mitternacht, als er sich der unheimlichen Stelle am Dietrichsbusch näherte. Michel ging vorsichtig voran und wich den zahlreichen Baumwurzeln aus, um nicht darüber zu stolpern. Der Mond schien vom tiefdunklen Himmel. Dennoch konnte man nicht weiter als zehn Schritte sehen. Michel blieb jetzt öfter stehen und lauschte in die Nacht. Es war totenstill, nur sein Herz klopfte.

Von fern hörte Michel jetzt eine Turmuhr viertel vor zwölf schlagen. Nur noch eine Viertelstunde bis zur Geisterstunde. Es hatte den Anschein, dass er genau zu Mitternacht am Spukort ankommen würde. Aber stehenbleiben und abwarten wollte er nicht. Jetzt kam ihm erstmals der Gedanke, dass es vielleicht doch besser gewesen wäre, auf den Bauern zu hören. Michel nahm seinen Wanderstab fest in seine rechte Hand und pfiff ein Lied. So hatte er das Gefühl, doch nicht ganz allein zu sein.

Aber dann geschah das Unausweichliche: Michel erblickte das Gespenst. Es war noch entfernt, doch es wurde zusehends größer, und wie ein Nebel bewegte es sich zwischen den dunklen Baumstämmen hin und her, den Blick fest auf Michel gerichtet. Und mit seinen Bewegungen veränderte es ständig seine Farbe. Außerdem hörte man das Rasseln von Ketten und ein lautes Stöhnen. Michel stand wie versteinert und wagte es nicht, sich zu bewegen. Als das Gespenst unmittelbar vor ihm schwebte, musste er mit Schrecken feststellen, dass es seinen Kopf mit den glühenden, großen Augen unter dem Arm trug. Hasserfüllt und wutverzerrt blickte das Gesicht den Michel an. Und wo sonst bei einem Menschen der Kopf saß, stand auf dem blutigen Hals ein schwerer Stein. Es war ein Grenzstein!

Jetzt begann das Gespenst zu reden, und zwar mit tiefer und furchterregender Stimme, die aus einer Gruft zu kommen schien: »Wo tue ich ihn hin, wo tue ich ihn hin?«

Michel war bereit zu kämpfen. Er ergriff einen dicken Knüppel und wartete auf einen Angriff des unheimlichen Wesens. Er wollte sich nicht wehrlos seinem Schicksal fügen. Und dann rief er mit lauter und klarer Stimme: »Bei allen Heiligen, bringe ihn dorthin, wo du ihn geholt hast!«

Gemeint war natürlich der Stein auf dem Hals des Gespenstes. In diesem Moment hallte ein lauter Knall durch die Nacht: Das Gespenst nahm den Stein von seinem Hals und warf ihn Michel vor die Füße. Der Stein zersprang in tausend Stücke; einige trafen noch Michels Knie. Er ließ sich auf den mit Moos bedeckten Waldboden zurückfallen und beobachtete, wie das Gespenst immer kleiner und kleiner wurde. Er hörte gerade noch die Worte des Dankes für die Erlösung. Dann war der Spuk verschwunden, und es kehrte Ruhe ein.

Michel hatte die richtigen Worte im rechten Moment gesprochen, und deshalb ist es ihm nicht so ergangen wie zahlreichen anderen, die dem Gespenst früher begegnet waren.

DER SPATENMANN

Es lebte einst ein Bauer in Wierschem, der war so habsüchtig, dass er vom ersten Sonnenstrahl bis zum Mondschein auf seinen Feldern und im Stall arbeitete und sich keine Pause gönnte. Er war stets bemüht, sein Hab und Gut zu vergrößern und sich Reichtümer zu schaffen.

»Ich habe noch lange nicht genug!«, sprach er eines Tages zu sich selbst. »Ich will der reichste Bauer der ganzen Gegend sein. Doch wie stelle ich das nur an?«

Diese Frage quälte ihn Tag und Nacht. Aber dann hatte er einen Einfall: »Ich muss unvergängliche Reichtümer schaffen. Was ist da besser als Land? Land vergeht nicht!«

In der folgenden Nacht begab er sich mit einer Stalllaterne und einem Spaten über der Schulter hinaus auf seine Ländereien. Dort suchte er Grenzsteine, grub sie aus und versetzte sie um ein geraumes Stück in Richtung Nachbargrundstück. So hatte er einen ganzen Streifen Land zu seinen Gunsten gewonnen.

Immer wieder ging er nachts hinaus, grub und verschob Grenzsteine. Eine Weile ging das auch gut, niemand bemerkte etwas, und der Bauer freute sich insgeheim über seine vergrößerten Ländereien.

Doch eines Nachts schleppte er gerade einen großen Grenzstein über den alten Friedhof, da lauerte ihm der Leibhaftige auf, sprang ihn von hinten an und brach ihm mit einem Ruck das Genick, dass es durch die Nacht hallte. Dabei schrie der Teufel mit eindringlicher Stimme: »Stirb, stirb! Du sollst Grenzstein und Spaten zur Strafe mit dir umherschleppen, bis du erlöst wirst!« Seit dieser Nacht heißt es, dass im Gebüsch nördlich des Dorfes der Spatenmann als Spuk umgeht.

»Wohin soll ich ihn setzen, wohin soll ich ihn setzen?«, fragt hier immer wieder eine geplagte Stimme aus dem Gebüsch, wenn jemand vorbeikommt.

Die Erlösung soll in nur einigen einfachen Worten liegen: »Dort, wo du ihn ausgegraben hast!«

Doch erst müsste sich ein mutiger Mensch finden, der dem Spuk so antwortet.

KRIMINALFÄLLE

DER MORD IN GROSSLANGENFELD

Es war der 6. Dezember 1928, ein trüber, grauer Tag. Der raue Winter hatte wieder Einzug gehalten in der Schneifel. Ein heftiger Wind wehte von Westen über die Wiesen, Äcker und Wälder und trieb einige Schneeflocken vor sich her. Es konnte nicht mehr lange dauern, bis die ganze Landschaft unter einer dicken Schneedecke versinken würde.

In Bleialf gelangte zu diesem Zeitpunkt ein 35-jähriger Wanderer namens Peter Michel auf Empfehlung eines Bekannten zu Leuten, bei denen er sich einige Tage aufhalten wollte. Michel, der noch nie in dieser Gegend gewesen war, hatte trotz seines jungen Alters schon eine bewegte Vergangenheit hinter sich. Er war verheiratet, Vater von zwei Kindern und seit 1925 auf der Suche nach seiner Frau, die ihn wohl nach einem heftigen Streit verlassen hatte. Michel war zudem wegen Körperverletzung vorbestraft.

Nach zwei Tagen Aufenthalt trieb es den Michel trotz des kalten Wetters wieder auf die Straße. Er begab sich auf den Weg in Richtung Großlangenfeld. Auf halber Strecke kam er an einem etwas abgelegenen Gehöft vorbei. Es war das Haus des Waldarbeiters Adam Heinen, der dort mit seiner Frau und fünf kleinen Kindern lebte. Zu dieser Zeit arbeitete Adam Heinen im Wald. Nur seine Frau und drei der Kinder waren zu Hause. Die ältesten Töchter, Magdalena und Maria, waren in der Schule.

Michel näherte sich dem Haus, konnte aber zunächst niemanden erblicken. Er zögerte nicht lange und betrat durch die unverschlossene Eingangstür das Innere des Hauses. Dort blickte er sich suchend in dem spärlich beleuchteten Raum um.

In diesem Moment erschien Frau Heinen und fragte den Fremden sogleich, was er wolle. Hinten in der Stube saßen zwei Kinder mit einem zwei Monate alten Säugling und blickten ängstlich und stumm zu dem fremden Mann. Dann verließ eines der Kinder mit dem Neugeborenen den Raum; nur der kleine fünfjährige Michel blieb zurück. Frau Heinen hatte sich nach der Geburt des letzten Kindes noch nicht recht erholt. Sie kränkelte seitdem ständig.

»Haben Sie Brot und Kaffee für mich?«, fragte Peter Michel. »Ich habe Hunger und Durst!«

Frau Heinen nickte kurz und ging zum Vorratsschrank. Sie holte ein angeschnittenes Brot heraus. Mit einem großen Küchenmesser schnitt sie zwei Scheiben ab und legte sie auf den Küchentisch. Peter Michel hatte bereits dort Platz genommen. Jetzt brachte Frau Heinen ihm eine Tasse mit Kaffee. Michel schlang das Brot hinunter und spülte mit dem Kaffee hastig nach. Beim letzten Stück Brot stand er auf, bedankte sich kurz und verließ, ohne zurückzublicken, das Haus.

Nachdem Michel eine Zeitlang in Richtung Großlangenfeld gegangen war, besann er sich plötzlich anders. Er kehrte um. Nach noch nicht einmal zwei Stunden tauchte er wieder beim Haus der Heinens auf. Frau Heinen stand jetzt zufällig draußen und erkannte schon von weitem den näherkommenden Fremden. Ob er etwas vergessen hatte?

Peter Michel, der sich beim Frühstück noch sehr zurückhaltend und wortkarg gegeben hatte, trat jetzt zielstrebig auf Frau Heinen zu: »Ich will Geld! Ich brauche Geld für meine Weiterreise!«, forderte er laut. Angsterfüllt und über die Undankbarkeit dieses Menschen erschrocken sagte Frau Heinen: »Geld? Ich habe kein Geld! Mein Mann ist Waldarbeiter und hat eine große Familie zu ernähren. Da ist kein Geld übrig!«

Darauf machte Peter Michel ihr einen unsittlichen Antrag, den sie voller Empörung und Angst zurückwies. Nun lief sie, vermutlich um dort Schutz zu suchen, zu der Scheune. Doch Michel folgte ihr nach. In der Scheune hatte sich der kleine Michel versteckt. Und von seinem Versteck aus sah er, was nun passierte. Der Fremde schlug seine Mutter mit einem Schemel nieder. Schon der erste Schlag war so gezielt und heftig, dass die ohnehin geschwächte Frau zusammenbrach und regungslos auf dem Scheunenboden liegenblieb.

Aber der Täter beendete sein Handeln noch nicht. Er missbrauchte die Frau und trennte ihr dann zwei Finger der rechten Hand mit einem

Messer durch, um des goldenen Eheringes habhaft zu werden. Dann ergriff er eine in der Ecke der Scheune liegende Sense und durchtrennte der am Boden liegenden und an der Hand stark blutenden Frau die Kehle.

In diesem Moment sprang der kleine Junge aus seinem Versteck, weil er seiner Mutter helfen wollte. Er lief auf den Täter zu und versuchte, ihn laut schreiend von seiner Mutter loszureißen. Doch Peter Michel ergriff erneut den Schemel, mit dem er die Frau kurz zuvor niedergestreckt hatte, und schlug ebenso brutal auf das Kind ein. Dann ergriff er den laut weinenden Jungen und warf ihn im hohen Bogen in eine Scheunenecke.

Besondere Kaltblütigkeit bewies er noch darin, dass er nach der Vollendung seiner Tat in aller Ruhe in das Haus hinüberging und dort persönliche Gegenstände des Ehemannes der Ermordeten entwendete; unter anderem einen Rasierer, mit dem er sich später im Wald seinen Schnurrbart entfernte, um sein Aussehen zu verändern. Weiterhin stahl er einen Anzug, Schuhe und eine Brieftasche. Dann entfernte er sich in eine unbekannte Richtung.

Nicht lange danach, es war bereits Mittag geworden, kehrten die Töchter Magdalena und Maria aus der Schule nach Hause zurück. Völlig aufgelöst und mit kaum verständlichen Worten berichtete ihnen der kleine Michel von dem ungeheuerlichen Ereignis, dessen Zeuge er geworden war. Er führte seine Schwestern in die Scheune. Was sie dort sahen, sollten sie in ihrem weiteren Leben nie vergessen.

Nach Bekanntwerden der Tat traf der Bürgermeister von Bleialf die ersten Maßnahmen am Ort des Schreckens. Zu diesem Zeitpunkt ahnte der Waldarbeiter Adam Heinen noch nichts von dem, was sich auf seinem Hof während seiner Abwesenheit zugetragen hatte. Er ging ahnungslos seiner harten Arbeit im Wald nach.

Den Tathergang erfuhr der Bürgermeister vom kleinen Michel Heinen, der die Ereignisse in erstaunlicher Präzision schilderte, aber dabei noch am ganzen Körper zitterte.

In der Zwischenzeit war auch Dr. Buschmann, praktischer Arzt in Bleialf, am Tatort eingetroffen. Er konnte nur noch den Tod der brutal misshandelten Frau feststellen.

Und bereits zwei Tage nach der Tat wurde der Täter auf der Landstraße in der Nähe von Rittersdorf im Kreis Bitburg festgenommen. Der Prozess begann am 2. Juni 1929 vor dem Schwurgericht in Trier.

Es war ein Montagmorgen. Der Landgerichtsdirektor Maßen führte den Vorsitz der Verhandlung. Der Staatsanwaltschaftsrat Pick war Vertreter der Anklage. Der Verteidiger des Angeklagten war der Rechtsanwalt Dr. Lenz. Es waren insgesamt 24 Zeugen geladen. Und als Sachverständige standen zur Verfügung die Professoren Müller-Heß und Hübner sowie der Medizinalrat Dr. Baumgarten aus Trier und der Kreisarzt von Prüm, Dr. Niermann.

Die Verhandlung begann mit Fragen zur Person des Angeklagten. Peter Michel war am 21. Oktober 1893 in Lothringen geboren worden. Aus den bei ihm vorgefundenen Papieren ging hervor, dass er die französische Staatsangehörigkeit besaß. Eine Vorstrafe wegen Körperverletzung war aktenkundig.

Der Vater des Angeklagten verdiente seinen Lebensunterhalt als Besenbinder. Peter Michel besuchte zunächst die Volksschule und begann dann eine Tätigkeit als Bergmann. Bei Ausbruch des Krieges wurde er zum deutschen Heer eingezogen. Kurz vor der Beendigung des Feldzuges erkrankte er und wurde vom weiteren Kriegsdienst freigestellt.

In Wiesbaden lernte er bald darauf seine spätere Frau kennen. Nach der Hochzeit sollen beide eine gute Ehe geführt haben, bis es eines Tages zu einem heftigen Streit kam. Die Frau verließ ihren Mann, begab sich in die Schweiz und reiste viel umher. Da der Angeklagte seine Frau unbedingt wiederfinden wollte, begab er sich auf Wanderschaft.

So war er am 6. Dezember 1928 nach einem Aufenthalt in Bleialf nach Großlangenfeld gelangt, wo er die schreckliche Tat beging, wegen der er hier vor Gericht stand.

Der Staatsanwalt beantragte nun den Ausschluss der Öffentlichkeit, da der Vorgang des Mordes und des Sittlichkeitsverbrechens zur Sprache kommen sollte. Alle Prozessparteien erklärten sich damit einverstanden.

Der Angeklagte berichtete nun, wie es zur Tat gekommen sei. Die Vergewaltigung und den Schlag mit dem Schemel gab er zu. Von den furchtbaren Verletzungen der Frau Heinen durch eine Sense und von abgeschnittenen Fingern wollte er allerdings nichts wissen. Auch den Sohn Michel habe er nicht gesehen.

Der Ehemann der Ermordeten sagte aus, dass er zum Zeitpunkt der Tat im Wald gearbeitet habe und deshalb zur Aufklärung des Geschehens nichts beitragen könne. Alles, was er wisse, habe er von seinem kleinen Sohn erfahren.

Daraufhin wurde die achtjährige Magdalena, die älteste Tochter der Familie, hereingerufen und vernommen. Das Kind weinte zunächst. Erst nach längerem Zureden des Vorsitzenden beruhigte es sich und erzählte, was sie von der Tat erfahren und gesehen hatte.

Der kleine Michel erkannte den Angeklagten eindeutig wieder, obwohl der jetzt keinen Schnurrbart mehr trug. Michel erwies sich als sehr aufgeweckter Junge, der seine Aussagen mit erstaunlicher Sicherheit machte. Er berichtete, wie der »böse Mann« nach dem Kaffeetrinken zurückgekommen sei und von der Mutter Geld verlangt habe. Dann schilderte er den Hergang der Tat, so wie er sich in sein kindliches Gemüt eingeprägt hatte. Unter anderem erklärte der Junge präzise, wie der Mann der Mutter zwei Finger abgeschnitten habe und ihr dann den Hals mit einer Sense »durchsägte«. Er berichtete auch, wie er selbst geschlagen und in eine Ecke der Scheune geworfen worden sei.

Die anwesenden Sachverständigen, Geschworenen und Pressevertreter hatten sich um den Tisch des Vorsitzenden geschart, um die Aussagen der Kinder, die wegen der ungewohnten Umgebung sehr leise sprachen, besser zu verstehen. Da erhob sich plötzlich die kleine Magdalena; sie lief schnellen Schrittes zur Bank des Angeklagten, um dort auf diesen einzuschlagen.

Auch der kleine Michel wandte sich wiederholt während der Vernehmung um, deutete auf Peter Michel und rief laut: »Dort sitzt er!«

Der Sachverständige Prof. Müller-Heß wies auf die Bedeutung der Aussagen des Kindes hin, da es sich um die Wiedergabe von fest eingeprägten Erinnerungsbildern handele. Der Bürgermeister von Bleialf bestätigte, dass die jetzigen Aussagen des Jungen mit seinen früheren übereinstimmten. Amtsgerichtsrat Kieffer aus Prüm, der mit seinen Landjägern den Fall bearbeitet hatte, gab eine eingehende Schilderung der Ermittlungsergebnisse.

Auch nach der ersten Mittagspause blieb die Öffentlichkeit zunächst ausgeschlossen. Erst bei den nächsten Zeugenvernehmungen wurde diese wieder zugelassen.

Vernommen wurden die beiden Landjäger, die den Angeklagten festgenommen hatten, sowie die Leute, die den Täter vor und nach der Tat gesehen hatten. Auf weitere Zeugenvernehmungen verzichtete dann das Gericht.

Es folgten die Ausführungen der Gutachter. Wegen der erwarteten Detailschilderungen wurde die Öffentlichkeit erneut ausgeschlossen.

Der Gerichtsarzt, Medizinalrat Dr. Baumgarten, erklärte, dass Frau Heinen noch vor dem Eintritt ihres Todes missbraucht worden sei. Der Sachverständige beschrieb dann die zahlreichen Verletzungen des Opfers. Am Ende sei der Kopf mit dem Körper nur noch durch eine schwache Hautbrücke verbunden gewesen. Die Blutspuren auf der Kleidung des Angeklagten seien identisch mit dem Blut des Opfers.

Der Kreisarzt Dr. Niermann aus Düren schloss sich im Wesentlichen den Ausführungen seines Vorredners an. Aus den Verletzungen des Opfers könne man auf einen fürchterlichen Kampf zwischen Täter und Opfer schließen.

Nun kam Professor Dr. Hübner zu Wort. Er drängte auf Klärung der Hauptfrage, ob der Täter schuldunfähig sei, weil ihm mehrfach eine mögliche Epilepsie attestiert wurde. Professor Hübner wollte sich dem nicht anschließen. Alles wies darauf hin, dass die Voraussetzungen des Paragraphen 51 nicht gegeben seien und deshalb volle Schuldfähigkeit vorliege.

Es folgte jetzt der Staatsanwaltschaftsrat Pick mit seinen Ausführungen. Zunächst lobte dieser die hervorragende Vor- und Aufklärungsarbeit der örtlichen Behörden in Prüm und Bleialf. Nur so habe es zur baldigen Verhaftung des Täters und zur Aufklärung des abscheulichen Verbrechens kommen können.

Nach längeren Ausführungen über den Tathergang und zur Person des Täters beantragte er neun Jahre Zuchthaus und fünf Jahre Ehrverlust für die Notzucht, ein Jahr Gefängnis für den Diebstahl. Für den Mord forderte er die Todesstrafe.

Der Offizialverteidiger, Rechtsanwalt Dr. Lenz, entgegnete, dass der Angeklagte nicht die Absicht gehabt habe zu töten. Deshalb könne eine Verurteilung wegen Mordes kaum in Frage kommen. Sein Verhalten bei der Tötung des Opfers spreche dafür, dass er im Augenblick der Tat gänzlich ohne Überlegung gehandelt habe. Der Verteidiger bat, auf Totschlag zu erkennen.

Nach ausgiebiger Beratung wurde noch am gleichen Tag das Urteil verkündet: »Der Angeklagte Peter Michel wird aufgrund der Verhandlung vor dem Schwurgericht in Trier wegen Totschlags, Notzucht und Diebstahls in je einem Fall zu einer Gesamtstrafe von 15 Jahren Zuchthaus und 10 Jahren Ehrverlust verurteilt.«

Bei dieser Strafzumessung begründete das Gericht erhebliche Bedenken, es aber zu dem Ergebnis auf Totschlag erkennen zu müssen.

LEBEN UND ENDE DES JOHANN MAYER

Es war der 29. Dezember 1923, 7.46 Uhr morgens, als ein Mensch innerhalb von 25 Sekunden vom Leben zum Tode befördert wurde. Durch das Fallbeil im Hof des Kötner Gefängnisses »Klingelpütz« erfolgte die Vollstreckung eines Todesurteils.

Es war Johann Mayer aus Uersfeld/Eifel, dem dies nach einem gnaden- und gewissenlosen Lebenswandel widerfuhr.

Kurz vor der Hinrichtung fanden sich im umschlossenen Hof des Kötner Gefängnisses zahlreiche Personen ein, um der Hinrichtung beizuwohnen. Gegenüber der Guillotine stand ein schwarz behängter Tisch mit zwei brennenden Kerzen und einem Kruzifix. Er diente dem Gerichtsschreiber, der die folgenden Handlungen genau zu protokollieren hatte. Der Verteidiger des Verurteilten, Rechtsanwalt Casper aus Koblenz, war nicht erschienen.

Der Scharfrichter Späte stand mit drei Gehilfen vor der Guillotine und wartete auf sein Zeichen.

Um 7.45 Uhr wurde dann der Verurteilte von den Strafanstaltsoberwachtmeistern Haas und Kotowsky aus den Räumen des Gefängnisses dem auf dem Hof wartenden Ersten Staatsanwalt Dr. Wernicke vorgeführt. Im Hintergrund erklang das Armesünderglöckchen, das erst nach Vollendung der Hinrichtung verstummen sollte.

Der Staatsanwalt verlas nun nochmals den Text des rechtskräftigen Urteils, den das Schwurgericht bei dem Landgericht Koblenz am 7. Februar 1923 verkündet hatte:

»Im Namen des Volkes. In der Strafsache gegen den Tagelöhner Johann Mayer, ohne festen Wohnsitz, geboren am 2. April 1886 in Uersfeld, vorbestraft wegen Mordes, hat das Schwurgericht in Coblenz in der Sitzung vom 7. Februar 1923, an welcher teilgenommen haben: Landgerichtsdirektor Schlüter als Vorsitzender, Landgerichtsrat Haupt, Landrichter Ruppert, als beisitzende Richter, Oberstaatsanwalt Seethe als Beamter der Staatsanwaltschaft, Justizobersekretär Linovski als Gerichtsschreiber, für Recht erkannt: Der Angeklagte wird wegen Mordes in vier Fällen viermal zum Tode und wegen Totschlags zu 15 Jahren Zuchthaus verurteilt. Die bürgerlichen Ehrenrechte werden ihm auf Lebensdauer aberkannt. Die Kosten des Verfahrens fallen dem Angeklagten zur Last.

Gründe: Nach dem anliegenden Spruch der Geschworenen, auf den Bezug genommen wird, ist der Angeklagte des Mordes nach § 211 Str.G.B. in vier Fällen und des Totschlags nach § 212 Str.G.B. in einem Falle schuldig. Bezüglich des Totschlags sind ihm mildernde Umstände versagt worden. Wegen des vierfachen Mordes musste viermal auf Todesstrafe erkannt werden. Bei der Strafzumessung des Verbrechens des Totschlages wurde erwogen, dass bei dem Angeklagten, der ein gewerbsmäßiger Wilderer und auch die Menschenleben für nichts achtend auf die tiefste Stufe des Verbrechertums herabgesunken ist und den Schrecken der ganzen Gegend zwischen Mayen und Cochem bildete, keine Milde am Platze sei. Die höchste zulässige Zuchthausstrafe von 15 Jahren erschien daher als angemessene Sühne. Bei der von dem Angeklagten bekundeten ehrlosen und ihn von jeder menschlichen Gemeinschaft ausschließenden Gesinnung erschien es angebracht, ihm gemäß § 32 Str.G.B. die bürgerlichen Ehrenrechte auf Lebenszeit abzuerkennen. Die Kostenentscheidung beruht auf § 497 Str.G.B.

gez. Schlüter, Haupt, Ruppert.«

Eine Revision, veranlasst durch Rechtsanwalt Casper, wurde zurückgewiesen. Auch Gnadengesuche von Mayer blieben ohne Erfolg. Das erste Gesuch datierte vom 18. Juli 1923 und lautete folgendermaßen:

»Obwohl ich nach wie vor bestreiten muss, des Mordes schuldig zu sein, finde ich mich nunmehr mit dem rechtskräftigen Urteil ab und bitte inständig um Gnade!«

Ein weiteres Gnadengesuch vom 22. Juli 1923 hatte folgenden Wortlaut: »Wegen meiner Straftaten, die ich begangen habe, bitte ich reumütig um Verzeihung und mir Gnade zuteil werden zu lassen. Die

Todesstrafe bitte ich auf dem Gnadenwege in Zuchthausstrafe umwandeln zu lassen!«

Das zweite Gnadengesuch war ein handgeschriebener Brief an das Preußische Staatsministerium. Mayer schilderte darin nochmals seine Lebensgeschichte und wies besonders darauf hin, dass er elternlos und ohne Liebe und Sorgfalt bei fremden Leuten aufgewachsen und erzogen worden sei.

Bereits einige Zeit zuvor, am 18. Juni 1923, berichtete der Generalstaatsanwalt in Köln dem Ministerium, dass die Geschworenen ein richtiges Urteil gefällt hätten. Er hielte Mayer für einen Mörder. An seiner Zurechnungsfähigkeit bestünden keine Zweifel. Seine Meinung bekräftigte der Generalstaatsanwalt noch durch die Aussage, dass der Verurteilte, der lange verwildert in den Wäldern gelebt hatte, als sittlich völlig verkommener und nicht rettbarer und verlorener Gewohnheitsverbrecher einzustufen sei. Er habe hemmungslos Genossen seines Wildererlebens beseitigt, um Mitwisser seiner Verbrechen auszuschalten. Aus reiner Mordlust habe er Frauen getötet, die ihm zugetan gewesen seien. Wie er die Leichen seiner Opfer zugerichtet und zerstückelt habe, um sie für die Ermittlungsbehörden unkenntlich zu machen, zeige eine Rohheit, wie sie einem Tier kaum angelastet und nachgesagt werden könne.

Am 13. Dezember 1923 beschloss ein zuständiges Gremium des Preußischen Staatsministeriums, von seinem Begnadigungsrecht keinen Gebrauch zu machen. Der Beschluss trug die Unterschrift des Justizministers am Zehnhoff.

So nahm das Schicksal des Johann Mayer seinen Lauf.

Jeder, der an dem Urteil und dessen Vollstreckung beteiligt war, musste entschädigt werden. So erhielt der Gefängnis-Werkmeister Mecklenbroich am 29. Dezember 1923 einen Betrag von 30 Billionen Mark für das Aufstellen des Fallbeils. Der Scharfrichter Späte hatte zunächst einen Auslagenvorschuss von 2000 Goldmark erhalten. Hiervon hatte er 1523 Goldmark, die er nicht verbraucht hatte, zurückgezahlt.

Die Gehilfen des Scharfrichters, August Sprung, Karl Ehrlich und Fritz Reichelt, die aus Breslau angereist waren, hatten allerdings Sorge um ihre Entlohnung. Am 12. Februar wandten sie sich schriftlich an den Oberstaatsanwalt in Koblenz:

»Euer Hochwohlgeboren!

Am 29. Dezember v. J. ist obengenannter Mayer in Köln durch den Scharfrichter Späte unter Assistenz der 3 Unterzeichneten hingerichtet worden. Eine Liquidation hat derselbe nicht eingereicht, weil er auf Genehmigung des neu geschlossenen Nachtragsvertrages durch den Herrn Justizminister wartete. Am 29. Januar d. J. hat sich Späte erschossen, ohne vorher die Liquidation gefertigt zu haben!«

Es ist heute nicht mehr nachzuvollziehen, ob die Henkergehilfen eine Entschädigung für ihre Arbeit erhielten.

Soweit die Informationen über das Ende eines Schwerverbrechers, der in der Eifel sein Unwesen getrieben hat. Doch wie hat alles begonnen, und wie konnte alles so weit kommen?

Johann Mayer wurde am 2. April 1886 in Uersfeld, Kreis Adenau, dem heutigen Landkreis Daun, geboren. Seine Geburt wurde unter der Nummer 41 des Standesamtsregisters am 5. April 1886 vom Standesbeamten in Kelberg folgendermaßen beurkundet:

»Vor dem unterzeichneten Standesbeamten erschien heute, der Persönlichkeit nach bekannt, die Hebamme Maria Catharina Mindermann, wohnhaft in Uersfeld, katholischer Religion, und zeigte an, dass von der Anna Maria Knorr, katholischer Religion, Ehefrau des umherziehenden Tagelöhners Johann Wilhelm Mayer, katholischer Religion, wohnhaft früher zu Gunderath, jetzt ohne bekanntes Domizil zu Uersfeld, in der Wohnung des Philipp Eberhard am zweiten April des Jahres 1886 um zwölf Uhr mittags ein Kind männlichen Geschlechts geboren worden sei, welches den Vornamen Johann erhalten habe.«

Bereits am Tage der Geburt erhielt das Kind aufgrund des bedenklichen Gesundheitszustandes die Nottaufe. Als sich der Gesundheitszustand des Kindes stabilisierte, wurde es nochmals in der Pfarrkirche zu Uersfeld getauft. Die Taufpaten waren Johann Schmitz aus Kaperich und Anna Bretz aus Nachtsheim.

Dass das Kind in Uersfeld geboren wurde, war reiner Zufall. Die Mutter, Maria Mayer-Knorr, hielt sich zur Zeit der Niederkunft hier auf, und zwar in einer Scheune des »Leyendeckerschen Anwesens«. Eine eigene Wohnung stand den Eltern des Kindes nicht zur Verfügung.

Nachdem sich Maria Mayer-Knorr von den Strapazen der Geburt erholt hatte, setzte sie mit dem Säugling ihre Wanderschaft fort. Später ließ sie sich in Boos nieder, wo sie dann längere Zeit wohnte.

Es liegt auf der Hand, dass die Lebensverhältnisse der Eheleute Mayer schwierig waren. Sie waren nicht sesshaft, geregelte Einkünfte fehlten. Armut und Elend waren die beherrschenden Faktoren in ihrem Leben. Es ist davon auszugehen, dass der Vater des Neugeborenen sich bereits vor dessen Geburt von seiner Frau getrennt hat, weshalb die Mutter sich jetzt allein mit dem Kind durchschlagen musste.

Allerdings hat Johann Mayer selbst später andere Angaben gemacht. Er sagte, er habe mit 18 Monaten seinen Vater verloren. Seine Mutter sei geistesschwach gewesen und sei in ein Irrenhaus gekommen. Im 10. Lebensjahr will er nach Hirten gekommen sein, wo er einem Vormund zugesprochen worden sei. Dort blieb er wohl nur eine kurze Zeit und gelangte dann nach Boos. Von da ging es nach Mayen, wo er eine Bäckerlehre machen sollte. Nach 14 Tagen wurde er von seinem Vormund zurückgeholt. Dann kam er zum Schustermeister Nell, bei dem er dieses Handwerk erlernen sollte. Bereits nach 14 Tagen verließ Johann Mayer diesen wieder, weil er nicht genug zu essen bekommen habe. Von dort will Mayer wieder zurück nach Boos gegangen sein, und zwar zu seinem Vormund. Doch bald ging das unstete Leben weiter. Mayer arbeitete in Sinzig am Rhein in einer Plattenfabrik. Dann bei Bauern in Drees und in Boos und schließlich in den Steinbrüchen von Einig. Dort ereilte ihn ein schwerer Schicksalsschlag, der offensichtlich ausschlaggebend dafür sein sollte, wie sich sein weiteres Leben, insbesondere seine Einstellung anderen Menschen gegenüber, gestalten sollte. Bei Sprengarbeiten oder beim »Spielen« mit Sprengstoff, die genaue Ursache wurde nicht bekannt, büßte er seinen linken Unterarm ein. Seither trug er den Spitznamen »Stumpfarm«.

Die Arbeitsbeschaffung gestaltete sich seitdem natürlich als äußerst schwierig. Mehrere Stellungen als Gehilfe bei Bauern hielten Mayer über Wasser. So ist bekannt, dass er einem Bauern in Kruft in den Jahren 1907–1908 bei der Kartoffelernte half. Gegen 1912 arbeitete er bei einer Familie Schüller in Laubach. Zu Beginn des Ersten Weltkrieges fand er Arbeit als Knecht beim Landwirt Matthias Simon in Mannebach. Als eines Tages Gendarmen bei Matthias Simon erschienen und darauf hinwiesen, dass der Knecht Mayer »nicht ganz sauber« sei, was immer das zu diesem Zeitpunkt auch geheißen haben mag, verlor er seine Anstellung und war seitdem ohne geregelte Einkünfte.

Nun besorgte sich Mayer einen Karabiner und ernährte sich fortan von der Wilderei. Als guter Schütze gelang es ihm, sich damit eine regelmäßige Einnahmequelle zu sichern. Um seine Einkünfte noch zu mehren, war er auch nicht abgeneigt, sich hin und wieder an privatem Eigentum zu vergreifen.

Aber eines Tages, der ausschlaggebende Grund ist nicht mehr nachzuvollziehen, brach »Stumpfarm« vollends mit der Rechtsordnung. Das war etwa 1916. Es muss für Mayer ein hartes Los gewesen sein, für den Kriegsdienst unbrauchbar und für normale Arbeiten nur bedingt einsatzfähig zu sein. Er fühlte sich von der Gesellschaft ausgestoßen. Und jetzt erfolgte offensichtlich die entscheidende Weichenstellung, die ihn auf die Schiene zu seinem Hinrichtungsort brachte. Doch ein langer und mit Grauen und Schrecken gesäumter Weg lag noch vor ihm.

Mayer streifte fortan in den Wäldern umher, schoss das Wild und übernachtete dort, wo es die Natur ihm gerade erlaubte, nicht selten in hohlen Baumstämmen. Bemerkenswert ist allerdings, dass er trotz dieses Lebenswandels seine Beziehungen keinesfalls abbrach. Der Kreis der Menschen, zu denen er noch Verbindung hielt, war aber nicht mehr sehr groß. Zu nennen sind hier Katharina F. aus Mannebach-Sickerath, Nikolaus Schüller aus Kalenborn/Cochem, Lorenz Reuter aus Masburg, Maria Falk aus Bonn und zuletzt der Deserteur Johann B. aus R. Zu diesen Personen stand Mayer über eine längere Zeit in guter und freundschaftlicher Beziehung. Und bis auf eine Person wurden alle eines Tages Opfer der grauenhaften Neigung und Handlungen von Mayer.

Am besten gibt hier die Anklageschrift darüber Auskunft, was Mayer zur Last gelegt wurde. Über drei Jahre dauerte es nach der Festnahme des Beschuldigten, bis die Ermittlungen es zuließen, die Anklage erheben zu können. Die Anklageschrift hat einen Umfang von sieben Seiten. Sie wurde am 12. Dezember 1922 vom Oberstaatsanwalt beim Schwurgericht in Koblenz eingereicht. Hier die wichtigsten Einzelheiten:

»Der Tagelöhner Johann Mayer, ohne festen Wohnsitz, zur Zeit in der Strafanstalt in Koblenz in Strafhaft in der Strafsache 6 J 1059/19 bis zum 20. Mai 1923, außerdem vorbestraft wie in 6 J 810/19 Blatt 51 angegeben, geboren am 2. April 1886 in Uersfeld, Kreis Adenau, wird angeklagt: in den Jahren 1918 und 1919 durch 5 selbständige Handlungen vorsätzlich getötet und die Tötung mit Überlegung ausgeführt zu haben.«

Im Jahre 1917 unterhielt Johann Mayer ein Liebesverhältnis mit der 22-jährigen Maria Dahm aus Mayen. Die Eltern der jungen Frau waren aber mit dieser Verbindung nicht einverstanden, da ihnen bekannt war, dass Mayer vorbestraft war. Daraufhin verließ Maria Dahm am 17. März 1918 ihr Elternhaus und begab sich zusammen mit Johann Mayer nach Eulgem. Dort übernachteten sie zunächst bei dem Landarbeiter Mathias Wilhelmy. Am nächsten Morgen begaben sich beide nach Masburg, und von dort ging ihr Weg weiter nach Kalenborn. An diesem Nachmittag gelangten sie zu dem Feldarbeiter Josef Michels, bei dem sie Kaffee tranken.

Sie wanderten anschließend weiter nach Lierstall zu einem Schuster namens Eis. Angeblich wollte Mayer dort ein Paar Schuhe abholen. Als die beiden dort ankamen, war es bereits 7 Uhr abends und dunkel. Sie trafen nur Frau Eis an, der Schuster selbst war nicht zu Hause. Die Zeugin Eis sollte später bekunden, dass Mayer keine Schuhe zur Reparatur abgegeben hatte und auch nicht danach fragte.

Der Aufenthalt in dem Schusterhaus währte nicht lange. Mayer äußerte noch, dass er das Mädchen, das er bei sich führte, heiraten werde. Dann verließen die beiden Lierstall und begaben sich in Richtung Kalenborn. Danach wurde Maria Dahm nicht mehr lebend gesehen.

Am 2. September 1918 gegen 3 Uhr nachmittags fand der Hilfswaldhüter Josef Hennerici im Gemeindewald von Mayen, und zwar an der Straße Mayen-Monreal, das Skelett einer weiblichen Person. Die Aussagen der Eltern der vermissten Person machten klar, dass es sich nur um Maria Dahm handeln konnte.

Die folgenden Untaten von Johann Mayer waren die Morde an Nikolaus Schüller aus Kalenborn und Lorenz Reuter aus Masburg. Sie geschahen am 30. März 1919 im Gemeindewald von Mannebach. Schüller, ein gelegentlicher Mittäter, hatte die Absicht geäußert, sich von Mayer absetzen zu wollen. Deshalb erschoss Mayer seine Freunde kurzerhand und bedeckte die beiden Opfer mit Tannenreisig, um ein Auffinden zu verhindern. Außerdem trennte er kurze Zeit später beiden ermordeten Personen die Köpfe ab. Wahrscheinlich wollte er ihre Identifikation erschweren.

Johanna Müller, geb. Mertes aus Mannebach, hat später hierzu ausgesagt:

»Es war in den Jahren nach dem Ersten Weltkrieg. Ich war damals circa 20 Jahre alt. Zusammen mit meinem Bruder Mathias Mertes sowie einer anderen Frau namens Anna Michels aus unserem Ort ging ich in diese Waldgegend, ›Kant‹ genannt, um dort Streu zu machen. Diese Gegend war seit der Schreckensnacht unter dem Namen ›Distrikt Toter Mann‹ bekannt. Während der Arbeit geriet ich in eine niedrige Fichtenschonung, in der an einer Stelle Reisig schräg gegeneinandergestellt war. Daraus ragte beim näheren Hinsehen schaurig eine verkrampfte menschliche Hand heraus. Ich entfernte schnell das Reisig und musste zu meinem Schrecken feststellen, dass dort jemand lag!«

Die drei verließen schnell diese Stelle und begegneten einigen Leuten aus Mannebach, die ebenfalls unterwegs waren, um Streu zu machen, und gerade eine Mittagspause einlegten. Unter ihnen befand sich auch Maria Herrmann. Zu diesen sagte Johanna Müller, die den Toten gefunden hatte: »Wenn ihr das gesehen hättet, was wir gesehen haben, hättet ihr keinen Appetit mehr!«

Daraufhin gingen Maria Herrmann und die anderen zur Fundstelle. Der Tote war mit Wacholderreisig bedeckt und lag auf dem Rücken. Er trug einen Anzug aus Uniformstoff. Schuhe waren nicht vorhanden. Besonders auffallend und verwundernd war die Tatsache, dass der Mann auf dem Rücken lag und sein Gesicht dennoch nicht zu erkennen war. Es war um 180 Grad zur Erde hingewandt. Einer versuchte nun den Kopf etwas zu drehen, was auch gelang. Jetzt war das Männergesicht zu erkennen. Allerdings war der Kopf vom Körper abgetrennt worden. Wie sich später herausstellen sollte, war es Nikolaus Schüller, dessen Körper in der Schonung lag. Der Kopf hingegen gehörte zu Lorenz Reuter aus Masburg. Selbst die hinzugerufene Schwester von Nikolaus Schüller konnte ihren Bruder nicht eindeutig identifizieren. Der Anzug aus Uniformstoff war von ihr selbst angefertigt worden. Das Kleidungsstück erkannte sie eindeutig wieder. Aber da war dieser fremde Kopf. Die Leiche von Lorenz Reuter wurde etwas später ganz in der Nähe gefunden. Auch diesem hatte Mayer den Kopf abgetrennt. Und bei seiner Leiche fand man den Kopf von Nikolaus Schüller.

Sickerath war ein Weiler, der zur Gemeinde Mannebach gehörte. Dort lebte Katharina Forst, die ihren Mann im Ersten Weltkrieg verloren hatte, mit ihren drei Kindern im Haus ihrer Mutter. Mit dieser Frau war Mayer eng befreundet. Manchmal sah man beide bei öffentlichen Tanzveranstaltungen und auf der Kirmes in Kelberg. Katharina Forst war es auch, die ihren Freund später mit Lebensmitteln versorgte, als er sich nach Straftaten in den dichten Eifelwäldern vor den Gendarmen verbergen musste. Und über lange Zeit diente ihm ihr Haus als Unterschlupf.

Eines Tages wurde Mayer von Gendarmen aus dem Haus geführt und nach Virneburg gebracht. Das war der damalige Amtsort für Mannebach. Noch am gleichen Tag verschaffte er sich aber wieder die Freiheit und kehrte am Abend mit einem Gewehr über der Schulter zurück zu seiner Freundin. Fortan beteiligte sich Johann Mayer am Lebensunterhalt mit Rehen, Hasen und anderem Wild.

Aufgrund der engen Verbindung blieb es nicht aus, dass Katharina Forst nach und nach umfangreiche Kenntnisse über das Vorleben ihres

»Bräutigams« bekam. Jetzt reifte in diesem wieder die Befürchtung, seine Freundin könnte ihm eines Tages gefährlich werden. Und deshalb stand für Mayer irgendwann fest, dass sie ihr Wissen mit dem Leben bezahlen müsse. Seine eigene Sicherheit ging ihm vor, sie war ihm wichtiger als das Leben eines anderen Menschen. Er wartete nur auf eine günstige Gelegenheit, seinen teuflischen Plan in die Tat umsetzen zu können.

Wenig später nur teilte Katharina Forst ihm mit, dass sie beabsichtige, sich eine Ziege zu kaufen. Nach kurzem Überlegen meinte Mayer: »Ich weiß da von einer Ziege, die zu verkaufen ist. Das Tier steht in Düngheim. Wir gehen am besten gemeinsam hin, um uns das Tier anzusehen!«

Schon am nächsten Morgen begaben sich beide auf den Weg nach Düngheim. Sie gingen durch dichte Wälder. Immer wieder drehte sich Mayer um und beobachtete aufmerksam die Umgebung. Katharina Forst hegte keinen Verdacht und ahnte nicht, was ihr an diesem Morgen widerfahren sollte.

Nach etwa einer Stunde Fußmarsch durchbrachen plötzlich laute Schüsse die friedliche Morgenruhe des Waldes. Mayer hatte in einem günstigen Moment seine Freundin hinterrücks erschossen. Schnell zog er ihre Leiche in ein Dickicht und verscharrte sie dort hastig. Diese Stelle lag zwischen Kaisersesch und Illerich.

Etwa ein Jahr später, am 6. August 1920, wurden die Reste der Leiche in diesem Waldstück bei der Herrnbuchenmühle aufgefunden. Von dem Körper selbst war nach fast einem Jahr im Freien kaum etwas Erkennbares zurückgeblieben. Aber an Haaren, Mantel, Rock und Schuhen erkannten der Bruder, Nikolaus Bäcker, und Frau Remigius Stern, beide aus Mannebach, die verschwundene Frau Forst wieder. Vom Täter fehlte jede Spur, auch konnte zu diesem Zeitpunkt noch keiner einen Verdacht hinsichtlich Tat, Täter und Tathergang äußern.

Frau Maria Falk war eine sogenannte »Hamsterin«, die nach dem Ersten Weltkrieg in regelmäßigen Abständen nach Mannebach und in die um liegenden Dörfer kam, um dort die lebenswichtigen Landprodukte mit den Dingen, die es nur in der Stadt gab, zu tauschen.

Bei einem ihrer Hamsterbesuche lernte sie auch »Stumpfarm« Mayer kennen. Man begann, gemeinsam Handel zu treiben. Die Geschäfte liefen zunächst sehr gut. Mayer tauschte die Dinge der Stadt gegen Wild, und aus der anfänglich geschäftlichen Verbindung entwickelten sich nach und nach persönliche und private Beziehungen. Diese gingen schließlich so weit, dass Maria Falk ihren Ehemann in Bonn verließ und ihrem »Geschäftspartner« Mayer folgte.

Aber auch in diesem Falle blieb es nicht aus, dass schließlich Tatsachen zutage kamen, die Frau Falk keinesfalls gefielen, die sie sogar in Angst und Schrecken versetzten. Sie erfuhr von dem unrühmlichen Vorleben ihres Partners. Deshalb war sie fest entschlossen, nicht länger bei ihm zu bleiben. Diese Entscheidung aber war gleichzusetzen mit einem Todesurteil.

Mayer regelte die Trennung auf seine Weise und erschoss die ahnungslose Frau während eines gemeinsamen Spaziergangs im Wald zwischen Masburg und Hauroth.

Es ist bezeichnend, dass Mayer immer nur Freunde oder engste Bekannte ermordete. Fremde ließ er hingegen unbehelligt.

Johann Mayer war bereits, bevor man ihn der Morde bezichtigte, erheblich vorbestraft. Unter anderem wegen Jagdvergehen, Körperverletzung, Sachbeschädigungen, Widerstand, Hausfriedensbruch, öffentlichen Beleidigungen, Schießen in der Nähe von Gebäuden und wegen Diebstahl.

In der Bevölkerung der Gegend herrschte damals, als »Stumpfarm« sein Unwesen trieb, große Angst, diesem Menschen begegnen zu können oder von ihm behelligt zu werden. Am 18. Juli 1919 schrieb die Polizeiverwaltung Kaisersesch folgenden Text: »Die Bevölkerung lebt in großer Angst vor dem allgemein gefürchteten J. Mayer, zumal dieser im Besitz einer Schusswaffe ist. Ohne Ausschreibung einer Belohnung wagt die Zivil-Bevölkerung nicht so leicht, den Mayer zu fassen, flieht vielmehr vor ihm, wenn er sich irgendwo zeigt ...«

Mayer wurde schließlich steckbrieflich gesucht. Über das Aussehen des Gesuchten gab der Steckbrief der Staatsanwaltschaft in Koblenz von Juli 1919 folgende Auskunft: »Größe: 1,72; Bart: bartlos; Gesicht: weiß, rund, voll; Stirn: geneigt; Augen: grau; Augenbrauen: blond; Nase: gradlinig; Ohren: mittel; Mund: gewöhnlich; Zähne: anscheinend vollzählig; Kinn: gewöhnlich; Hände und Füße: normal; linke Hand fehlt; Gang und Haltung: nach vorn geneigt; Sprache: gewöhnlich, hiesige.«

In der Sonderbeilage zum Öffentlichen Anzeiger des Regierungs-Amtsblattes Nr. 30, herausgegeben in Düsseldorf am 2. August 1919, wurde der Steckbrief auf Seite 228 abgedruckt. Und es wurde eine Belohnung von 500 Mark für sachdienliche Angaben, die zur Verhaftung des Gesuchten führten, ausgesetzt.

Ob dieser Steckbrief eine Rolle gespielt hat, ist nicht mehr zu rekonstruieren; auf jeden Fall wurde Mayer am 10. August 1919 festgenommen. Die Festnahme verlief nicht einfach und reibungslos. Aus dem Protokoll der Vernehmung von Karl Winter, das der Bürgermeister Surges in Kaisersesch am 11. August 1919 aufnahm, geht hierzu Folgendes hervor: »Es erscheint der Karl Winter, geb. 25. April 1863 in Ida bei Oberstein, wohnhaft in Trier, Palastplatz 5, seit 9. Januar d. Js. im Wohnwagen als Korb- und Schirmflechter im Lande umherziehend, und erklärt auf Vorhalt, was folgt: Vorgestern (Samstag) habe ich mit meinem Wohnwagen, aus der Richtung von Hambuch kommend, unterhalb der Ortschaft Eulgem einige Schritte von dem Verbindungswege Eulgem-Düngenheim entfernt auf einem freien Platze halt gemacht, der an der Abzweigung des Weges nach der Eulgemer Mühle gelegen ist. Der Musiker, Korb- und Schirmmacher Karl Reinhard, früher wohnhaft in Koblenz, Kastorstr. 82, jetzt ebenfalls im Wohnwagen umherziehend, machte gleichzeitig mit mir halt, ferner dessen Bruder August Friedrich Reinhard (geb. 5. März 1896 in Mülhausen, Oberamt Cannstadt in Württemberg). Letzterer hat keinen besonderen Wohnwagen, sondern wohnt in dem Wohnwagen seines Bruders Karl Reinhard. Gegen 10 Uhr abends lief mein Hund bellend einige Schritte von dem Platze aufwärts und gab gleich Standlaut. Ich lief darauf sofort zu dem Hund und sah einen Mann mit dem Rücken wider einen Buchenbaum angelehnt vor dem Hund stehen. Ich fragte denselben: ›Wer bist du?‹ Der Mann erwiderte: ›Ein Jenischer.‹ Dieses Wort heißt in der

Gaunersprache soviel wie herumziehender Scherenschleifer, Korbmacher, Kesselflicker, Schirmflicker u. das mehr. Ich sagte ihm dann: ›Und wir sind Zigeuner‹, um ihn vertraulich zu machen.

Der Mann hatte einen Militärkarabiner über der rechten Schulter und hielt den rechten Arm in der Rocktasche. Als er vom Baum zu mir kam, bemerkte ich, dass ihm der linke Unterarm fehlte, weshalb ich annahm, dass ich den gesuchten sogenannten ›Stumpfarm‹ vor mir hätte, den mir vor einiger Zeit der Wirt zur Schöne-Aussicht bei Kaisersesch genau beschrieben hatte, mit dem Bemerken, dass er wegen Mordverdachts gesucht würde und auf seine Festnahme eine Prämie ausgesetzt wäre. Auf seine Frage, ob keine fremden Leute bei uns wären, antwortete ich ihm, außer unseren Familien wäre niemand bei uns, er könnte deshalb ruhig mit mir zu dem Lagerplatze gehen. Auf diesem Gange bat ich ihn um Tabak, worauf er mir aus seiner äußeren oberen Rocktasche eine Zigarre hervorholte und aushändigte. Ich brach die Zigarre in der Mitte durch und gab ihm als Zeichen der Freundschaft die eine Hälfte der Zigarre zurück.

Als wir an unserem Platze waren bzw. an unserem Feuer ankamen, gab er die zurückerhaltene Zigarre meinem Kollegen Karl Reinhard und lud uns drei Männer ein, mit ihm auf die Jagd zu gehen, ohne dass wir ihm darauf einen Bescheid gaben. Um einen Grund zu finden, meinen Revolver aus meinem Wagen zu holen, suchte ich meine Taschen nach einem Streichholz ab und sagte, trotzdem ich das Streichholz bei mir hatte, dass ich keines bei mir hätte. Gleichzeitig sprang ich in den Wagen, um mir eines zu holen, holte aber statt dessen meinen Revolver und steckte ihn, mit zwei Kugeln geladen, in die Hosentasche.

Als ich aus dem Wagen herauskam, guckte der ›Stumpfarm‹ mich auffallend scharf an und griff hastig nach seinem Karabiner. Dieses bemerkend sprang ich ihm plötzlich an den Hals und hielt ihm den Revolver ins Gesicht. Während ich den ›Stumpfarm‹ so gefasst hatte, sprang der Karl Reinhard mir rasch zur Hilfe und riss dem ›Stumpfarm‹ den Karabiner aus der Hand. Ich schoss die beiden Revolverkugeln rasch hintereinander dem ›Stumpfarm‹ in die beiden Beine. Karl Reinhard schlug ihm auf meinen Ruf mit dem Karabiner, den er ihm nach heftiger Gegenwehr abgerungen hatte, mehrere Male auf den Kopf, den Rücken und die Beine. Während dieses Ringens, das beinahe eine Viertelstunde gedauert hatte, hatten wir ihm den Rock in Fetzen vom Leibe heruntergerissen. Dem ›Stumpfarm‹ gelang es nun, sich loszureißen und fortzulaufen. Ich hatte vorher noch zwei Gestalten weiter aufwärts von dem ›Stumpfarm‹ im Dunkeln bemerkt gehabt. Deshalb machten wir uns gleich fort mit unseren Wohnwagen und fuhren nach Kaisersesch zu, wo wir gegen 8 Uhr gestern morgen auf dem Marktplatz ankamen. Ich eilte dann sofort mit dem August Reinhard zu dem Gendarmerie-Wachtmeister in Kaisersesch und erzählte ihm den zuvor geschilderten Vorgang. Der Kaiserseschér Gendarmerie-Wachtmeister und der Polizeiwachtmeister gingen darauf bald mit mir nach Eulgem und nach der Kampfstelle, wo noch verschiedene Blutspuren auf dem Boden zu sehen waren. Der vernehmende Bürgermeister hatte sich uns ebenfalls angeschlossen. Nach einigem Suchen wurde der ›Stumpfarm‹ von den Polizeibeamten in dem nahen Waldstück ›Sänger‹ am Boden liegend entdeckt und festgenommen. Ich erhebe Anspruch auf die ausgesetzte Prämie. V.g.u. machte der Erschienene, weil schreibensunfähig, hierunter seine Kreuzzeichen. XXX.«

Karl Reinhard bestätigte diese Aussagen und beanspruchte ebenfalls die ausgesetzte Prämie. Auch er unterzeichnete das Protokoll mit drei Kreuzen.

Wie ein Lauffeuer verbreitete sich die freudige Kunde, dass der lange gesuchte und gefürchtete Verbrecher gefasst worden sei. Offenbar hatte er die Einstellung des fahrenden Volkes falsch eingeschätzt, das wesentlich dazu beitrug, seinem Unwesen ein Ende zu bereiten.

Die Hinrichtung des Verbrechers »Stumpfarm« Johann Mayer wurde der Öffentlichkeit durch den zuständigen Staatsanwalt am 29. Dezember 1923 mit folgenden Worten bekanntgemacht: »Die gegen den Tagelöhner Johann Mayer, genannt ›Stumpfarm‹, ohne festen Wohnsitz, durch rechtskräftiges Urteil des Schwurgerichts Koblenz vom 7. Februar 1923 wegen Mordes, begangen in der Gegend zwischen Masburg und Hauroth oder Boos an Nikolaus Schüller aus Kalenborn und Lorenz Reuter aus Masburg und in der Gegend zwischen Illerich und Kaisersesch an der Witwe Katharina Falk aus Mannebach, erkannten Todesstrafe, ist an dem Verurteilten heute in Köln durch Enthauptung vollzogen worden.«

Auch zahlreiche Zeitungen berichteten ausführlich über Johann Mayers Ende. So war in der *Eifeler Landeszeitung* von 19. Januar 1924 zu lesen: »Morgens gegen halb sieben wurde im Strafgefängnis Klingelpütz in Köln der Knecht Johann Mayer wegen fünffachen Mordes durch den Scharfrichter mittels Fallbeil hingerichtet. Mayer war vom Schwurgericht in Koblenz viermal wegen Mordes und einmal wegen Todschlags zu 15 Jahren Zuchthaus verurteilt worden. Der fünffache Mörder hatte seine Untaten vor Gericht nicht eingestanden, legte aber kurz vor der Hinrichtung ein Geständnis ab. Er starb als reuiger Sünder und empfing vor seinem Tod noch die Sterbesakramente der katholischen Kirche.«

DER MORD ZU WALDESCH

Der 5. Februar 1928 war ein kalter Wintertag. Der Himmel über Mayen war mit grauen Wolken verhangen. Zu dieser Zeit planten drei undurchsichtige Gestalten in der Eifeler Kreisstadt ein Verbrechen, das später noch lange für Gesprächsstoff sorgen sollte.

Es waren die Gebrüder Wilhelm und Anton Weiler sowie ihr Vetter Adolf Surges. Sie benötigten Geld. Die Initiative ging von Surges aus, der seinem Vetter Wilhelm, der in Oberhausen wohnte, mehrere Briefe geschrieben hatte, mit der Bitte, nach Mayen zu kommen und seinen Bruder mitzubringen. »In Mayen gibt es etwas zu verdienen!«, war der mehrfach wiederholte Satz in den Briefen, der die Brüder im Ruhrgebiet neugierig machen sollte. In einem weiteren Brief drückte Surges es so aus, dass Wilhelm seinen »Br.« mitbringen solle. Diese Abkürzung sollte später noch erhebliche Fragen aufwerfen. Davon aber mehr im weiteren Verlauf. Jetzt, am 5. Februar, waren die drei Männer in der Wohnung einer Frau Laux, mit der Surges in »wilder Ehe« lebte, zusammengekommen, um ihr weiteres Vorgehen zu beratschlagen. Zur Frau Laux ist zu bemerken, dass sie zu diesem Zeitpunkt verheiratet war. Ihr Mann saß noch im Gefängnis ein, seine Entlassung stand allerdings kurz bevor.

Nun berichtete Surges von einem Matthias Degen, einem wohlhabenden Junggesellen, der allein in seinem Haus in Waldesch lebte.

»Der Alte hat stets viel Geld im Haus, sage ich euch. Das lohnt sich bestimmt. Außerdem ist er schwerhörig. Wenn wir da einsteigen, merkt er das nicht einmal. Die ganze Sache ist nicht nur vollkommen ungefährlich, sondern kann auch schnell ablaufen!«, sagte Surges.

»Woher willst du das alles wissen?«, fragte jetzt einer der beiden Brüder.

»Das habe ich herausgefunden, als ich bei Degen das Dach seines Hauses neu hergerichtet habe. Das ist gar nicht so lange her!«, erklärte Surges seine genauen Kenntnisse.

»Ja, wenn das so ist«, meinte Anton Weiler, »dann lasst es uns anpacken!«

»Prima!«, freute sich Surges, der nun zwei Gehilfen für seinen Plan gefunden hatte. »Das muss gefeiert werden. Kommt, wir begießen unseren Entschluss in der Wirtschaft!«

In einer Mayener Wirtschaft nahmen die drei dann reichlich Alkohol zu sich, um sich am frühen Abend auf den Weg nach Waldesch zu begeben. Für den langen Weg und gegen die bittere Kälte nahmen sie noch eine Flasche Cognac mit, die sie unterwegs nach und nach leerten.

Es war noch nicht Mitternacht, als die drei in Waldesch ankamen. Der Ort war zu dieser Stunde menschenleer. Eisiger Wind pfiff durch die Gassen und Gärten. Einige verirrte Schneeflocken reicherten die Luft an. Nur vereinzelt brannte noch Licht in den Stuben, das durch die Vorhänge gedämpft in die Vorgärten fiel.

»Das macht nichts!«, flüsterte Surges. »Da kommt heute keiner mehr heraus. Die gehen gleich alle ins Bett!«

So schlichen die drei zum Haus des Matthias Degen.

»Dort drüben ist es!«, sagte Surges. »Lasst mich vorgehen und wartet erst einmal im Schutz der Mauer im Vorgarten!«

Surges drückte nun mit sanfter Gewalt ein Fenster auf und kletterte in das dahinterliegende Zimmer. Die anderen warteten derweil still vor der Haustür. Es dauerte nicht lange, da öffnete Surges diese von innen. Er ließ seine Kumpanen eintreten und flüsterte: »Alles in Ordnung, keinerlei Gefahr!« Dann schloss er die Tür wieder.

Im Haus war alles ruhig, nichts regte sich. Nur das monotone Ticken einer Uhr war deutlich zu vernehmen.

Vom Flur aus betraten die drei Eindringlinge zuerst ein Zimmer im Erdgeschoss und durchsuchten alle Schränke und Kommoden nach Geld und Wertsachen. Besonders still verhielten sie sich dabei aber nicht, da sie davon ausgingen, dass der Hausherr schlief und wegen seiner Schwerhörigkeit nicht wach werden würde.

Das Durchstöbern blieb allerdings erfolglos.

»Verdammt noch mal!«, schimpfte einer der Weiler-Brüder. »Kein Geld und auch nichts anderes, das man versilbern könnte! Surges, was hast du denn da ausbaldowert? Wir schlagen uns hier die Nacht um die Ohren für nichts und wieder nichts!«

»Pst, Ruhe bewahren!«, beschwichtigte Surges. »Würdest du Geld und Wertsachen im Erdgeschoss aufbewahren? Das wäre wegen der Einbrecher doch zu leichtsinnig, versteht ihr!« Bei diesen Worten grinste Surges und fuhr fort: »Wir gehen jetzt nach oben, dort werden wir schon Erfolg haben!«

Voran ging nun Wilhelm Weiler, es folgte sein Bruder Anton. Zuletzt schlich Surges hinauf. Das Licht blieb gelöscht, dennoch war in dem Treppenaufgang genügend zu erkennen.

Wilhelm erreichte als erster die oberste Stufe des Aufgangs. Doch da stand mit einem Male der alte Degen, mit dem keiner gerechnet hatte, in voller Lebensgröße vor den drei Eindringlingen in der geöffneten Tür seiner Schlafkammer. Gespenstisch sah er aus in seinem weißen wallenden Nachthemd und mit einem Stock in der rechten erhobenen Hand. Dann ging alles sehr schnell. Unvermittelt und ohne Warnung schlug Degen mit voller Wucht auf die Hinaufsteigenden ein, konnte zunächst aber keinen treffen. Wilhelm und Surges drehten sich schnell um und liefen die Treppe hinunter. Hierbei stolperte Wilhelm über Surges und fiel unten auf dem Treppenabsatz auf die Knie.

Derweil schlug Degen in seiner Angst unentwegt auf Anton ein, der noch nicht die Gelegenheit wahrnehmen konnte zu fliehen.

Dann rief Wilhelm von unten: »Der schießt!«

Für kurze Zeit erhellte das Aufblitzen eines Mündungsfeuers den dunklen Raum. Die Ereignisse überschlugen sich nun, und erst draußen, in der kalten Winternacht, fanden sich die drei wieder.

Aufgeregt ergriff jetzt Wilhelm seinen Bruder am Mantelkragen und schrie ihn an: »Weißt du eigentlich, was du eben gemacht hast? Du hast einen Menschen erschossen, ja, einen Menschen erschossen!«

»Das kann doch nicht sein!«, erwiderte Anton mit zitternder und vor Aufregung deutlich entstellter Stimme. »Das kann doch nicht sein, es hat doch niemand geschrien!«

»Das werden wir gleich haben!«, erwiderte Wilhelm und ging nochmals in das Haus zurück. Er fand dort tatsächlich Degen tot auf dem Boden liegend. »Schnell, kommt, schnell weg hier!«, waren seine einzigen Worte, als Wilhelm hastig aus dem Haus stürzte.

Ohne ein Wort zu reden und ohne sich umzublicken, verließen die drei den Ort ihrer Schandtat. Ihr Weg führte sie durch die eisige Nacht zurück nach Mayen.

Auf halber Strecke sagte Surges: »Halt, wartet einen Moment!« Mit diesen Worten zog er eine Brieftasche aus seiner Jacke und gab sie Anton.

Dieser öffnete sie und fand darin 180 Mark. Die Beute wurde an Ort und Stelle aufgeteilt.

Dann gingen die drei weiter nach Mayen. Dort säuberten die Weiler Brüder ihre Kleidung mit einer Bürste und liefen bis nach Neuwied. Von dort fuhren sie zurück nach Oberhausen.

Am Morgen des 6. Februar 1928 war ein Herr Klein aus Waldesch mit Matthias Degen verabredet. Klein war wegen einer Hausschlachtung gekommen.

»Wo bleibt er nur, der Herr? Der ist doch sonst immer pünktlich!«, fragte sich Klein. Er wollte pünktlich mit der Schlachtung beginnen, weil an diesem Tage noch andere wichtige Arbeiten anstanden. Aber die Tür des Hauses von Matthias Degen war verschlossen.

Als gegen Mittag ein Verwandter von Degen bei Klein vorbeikam, lief dieser auf jenen zu und sagte: »Franz, wo ist denn Matthias? Ich war mit ihm verabredet. Wir wollten schlachten heute. Langsam habe ich Sorge, dass da etwas nicht stimmt. Ihr kommt doch in das Haus von Matthias. Seht doch einmal nach, ob da alles in Ordnung ist!«

»Mach ich doch!«, antwortete Franz freundlich. »Ich habe ja den Schlüssel von seinem Haus!«

Gleich danach begab sich Franz in das Haus seines Onkels und fand dort die Leiche. Sogleich suchte Franz, der überraschenderweise die Ruhe bewahrte, nach verdächtigen Spuren. In der Schlafkammer fand er den unangetasteten Geldbetrag von 2500 Mark. Das Geld stammte aus Viehverkäufen.

Nun wurden die Behörden eingeschaltet. Der Verwaltungsassistent Blum aus Niedermendig leitete die ersten Ermittlungen. Der Beamte stellte fest, dass die Leiche drei Einschüsse in der Brust aufwies. Ferner entdeckte er Glasscherben auf der Dunggrube, die von einem zerbrochenem Fenster stammten. Davon wurden Fingerabdrücke gesichert.

Dann stockten die weiteren Ermittlungen. Nicht zuletzt deshalb, weil Tatzeugen fehlten. So gestaltete sich dieser Fall als äußerst schwierig. Die Zeit zog ins Land, aber neue Ergebnisse gab es keine. Doch dann, nach zwei Jahren, sollte der immer wieder hilfreiche »Kommissar Zufall« den Ermittlungsbehörden einen großen Dienst erweisen.

Es ereignete sich in Obermendig, wo zwei Frauen an einer gemeinsamen Wäscheleine standen und über die Platzverteilung ihrer Wäsche in Streit gerieten. Es ging alles sehr schnell. Ein Wort gab das andere, bis die eine Frau ihre Kontrahentin wutentbrannt anschrie: »Wenn du jetzt nicht zur Seite gehst und mit deiner Wäsche verschwindest, sage ich, wer den alten Degen in Waldesch erschossen hat!«

Offensichtlich handelte es sich hier um eine Mitwisserin. Und der Zufall wollte es so, dass zu diesem Zeitpunkt eine dritte Frau unbemerkt hinter dem Zaun stand und die Worte der Streitenden verfolgen konnte. Gleich danach begab sie sich zur Polizei, um dort Meldung zu machen.

Es dauerte nicht lange, bis man des einen Täters habhaft wurde. Nach intensiver Befragung verriet dieser seine beiden Mittäter. Und schließlich kam es zur Gerichtsverhandlung.

Es war der 23. September 1930. Der große Saal des Schwurgerichts in Koblenz war bis auf den letzten Platz besetzt. Voller Erwartung saßen die Zuschauer auf ihren Bänken. Die Stimmung war angespannt, denn allen war die grässliche Tat noch in guter Erinnerung.

Dann, nach langem Warten, wurden die Angeklagten hereingeführt, streng bewacht und in Ketten. Mit einem Ruck schloss sich die Absperrtür zu ihrer Anklagebank. Sie setzten sich und sprachen leise mit ihren Anwälten.

Dann erschien ein Justizwachtmeister mit einem alten Margarinekarton und einem Spazierstock im Gerichtssaal. Alle Anwesenden glaubten schon, die Verhandlung würde jetzt beginnen, aber der Justizbedienstete begab sich nur zu dem Richtertisch und begann dort, den Karton auszuleeren. Er legte ein verknittertes, blaukariertes Arbeiterhemd aus Flanell auf den Tisch, das über und über mit Blut befleckt war und zudem versengte Einschussstellen aufwies. Es handelte sich um das Hemd des getöteten Matthias Degen. Mit dem Spazierstock hatte er sich gegen die nächtlichen Eindringlinge zur Wehr gesetzt. Erst jetzt öffnete sich die Tür vom Beratungszimmer des Gerichts, und es erschienen der Landgerichtsdirektor Ludowici und der Vertreter der Anklage, der Oberstaatsanwalt Stühlen. Die Offizialverteidiger der Angeklagten waren die Rechtsanwälte Dr. Weber, I. Frank und Brasch jr.

Der Vorsitzende begann die Verhandlung mit dem Hinweis darauf, dass mit diesem Prozess die diesjährige 5. Session des Koblenzer Schwurgerichts beginne. Mit kurzen Erläuterungen zur Sachlage der Mordtat führte er dann die Verhandlung fort. Die Anklage lautete auf schweren Einbruch und vorsätzliche Tötung des Landwirtes Matthias Degen zu Waldesch.

Die Vernehmungen der Angeklagten zur Person und Sache ergaben folgendes: Anton Weiler wurde am 17. März 1901 in Niedermendig geboren. Er war verheiratet, hatte ein Kind und war wiederholt wegen Diebstahls, verbotenen Waffentragens, schwerer Körperverletzung und anderer Delikte vorbestraft. Er wirkte ausgesprochen massig und brutal. Er hatte schwarzes Haar und buschige, stark entwickelte Augenbrauen. Seine Augen schweiften unruhig im Gerichtssaal umher.

Bis zu seinem sechsten Lebensjahr lebte Anton Weiler in Niedermendig und verzog dann mit seinen Eltern nach Oberhausen. Während des Krieges hatte er in der Industrie gearbeitet. In der Nachkriegszeit »schlug er sich so durch«, was immer das auch zu bedeuten hatte, und wanderte Ende 1928, wohl unter dem Einfluss der Anfang 1928 begangenen Mordtat, nach Brasilien aus. Doch dort in der Fremde konnte er nicht Fuß fassen und kehrte daher bald wieder zurück.

Zur Tat führte der Angeklagte folgendes aus: »Mein Bruder Wilhelm wohnt auch in Oberhausen. Eines Tages hat er einen Brief von unserem gemeinsamen Vetter Surges aus Mayen erhalten. In dem Brief stand, dass wir beide nach Mayen kommen sollten. Dort sei etwas zu verdienen. Kurze Zeit später kam ein weiterer Brief vom Vetter Surges. Immer nur mein Bruder bekam die Briefe, niemals ich selbst. In diesem weiteren Brief stand unter anderem, er, Wilhelm, solle doch seinen ›Br.‹ mit bringen!«

»Was hatte denn dieses ›Br.‹ zu bedeuten?«, fragte der Vorsitzende.

»Wir gingen beide davon aus, dass ich damit gemeint war!«, antwortete der Befragte. »Dann haben wir uns entschlossen, nach Mayen zu fahren. Wir waren neugierig geworden. Wir trafen uns in der Wohnung der Frau Laux, mit der unser Vetter zusammenlebte!«

Wilhelm Weiler wurde am 17. Mai 1893 ebenso wie sein Bruder in Niedermendig geboren. Mit 14 Jahren verließ er seine Familie und begab sich in eine ganz andere Gegend. Auch er blickte auf ein stattliches Vorstrafenregister zurück. Unter anderem wurden einige Militärstrafen bekannt. In der Vernehmung vor Gericht kam nun heraus, dass er einmal für sechs Wochen zur Beobachtung seines Geisteszustandes in der Bonner Provinzialanstalt gewesen war, nachdem er in früheren Jahren in einer Affekthandlung einen seiner Brüder erschossen hatte. Damals hieß es, er habe in Notwehr gehandelt. Auch Wilhelm Weiler begab sich nach der Ermordung des Matthias Degen nach Brasilien, kehrte aber auch bald zurück, weil er das Klima dort nicht vertragen konnte.

Wilhelm berichtete ebenso wie sein Bruder die Sache mit den Briefen. »Auch ich habe ›Br.‹ für Bruder gehalten!«, betonte er.

Zu den Ereignissen in der Nacht in Waldesch wusste er nur zu sagen: »Plötzlich war ich im Schlafzimmer des alten Degen. Wie ich dorthin gekommen bin, weiß ich nicht!«

»Wie kann das sein, dass Sie nicht mehr wissen, wie und was geschehen ist?«, fragte der Vorsitzende.

»Nun ja, vielleicht lag es daran, dass wir zuvor doch einiges getrunken hatten. Erst in der Wirtschaft in Mayen und dann noch auf dem Weg nach Waldesch. Ich weiß nur noch, dass ich den Degen in seinem weißen Nachthemd vor mir gesehen habe. Da dachte ich, dass er eine Pistole in der Hand hält. Deswegen rief ich auch ganz laut: ›Der schießt!‹ Dann bin ich einfach fortgelaufen. Später bin ich zurückgekommen. Da fand ich den toten Mann in seinem Zimmer!«

»Was geschah weiter?«, wollte jetzt der Vorsitzende wissen.

»Auf dem Heimweg nach Mayen hat Vetter Surges meinem Bruder eine Brieftasche mit Geld gegeben. Den Inhalt haben wir sogleich unter uns aufgeteilt. Als wir in Mayen angekommen waren, haben wir unsere verschmutzte Kleidung mit einer Bürste gereinigt. Dann sind wir noch in der gleichen Nacht nach Neuwied gegangen, um von dort mit dem Zug zurück nach Oberhausen zu fahren. Unser Vetter ist in Mayen bei der Frau Laux geblieben!«

»Aus welchem Grund sind Sie denn bis nach Neuwied gegangen? In Mayen ist doch auch ein Bahnhof?«

»Wir befürchteten, dass die Tat schnell entdeckt werden würde. Dann wäre bestimmt zuerst der Bahnhof in Mayen überprüft worden. Das wollten wir vermeiden!«

Der Angeklagte Anton Surges war 1903 geboren worden. Auch er war vorbestraft wegen Einbruchsdiebstahls, gemeinsamen Diebstahls und ähnlicher Eigentumsdelikte. Er war verheiratet, bis im Jahre 1926 seine Frau verstarb. Sie hinterließ ihm ein Kind. Surges war von Beruf Dachdecker und lebte in wilder Ehe mit der Frau Laux in ihrer Wohnung in Mayen. Es wurde bestätigt, dass der Ehemann von Frau Laux seinerzeit im Gefängnis war und dass seine Entlassung kurz bevorstand.

Surges berichtete nun, dass er beim alten Degen das Dach erneuert habe. »Hierbei stellte ich fest, dass Degen allein in dem großen Haus lebte und obendrein auch noch schwerhörig war. Zu dieser Zeit war ich sehr knapp bei Kasse, das heißt, ich brauchte dringend Geld!«

Und schließlich habe er die Briefe an seine Vettern geschrieben. »Mit der Abkürzung habe ich eindeutig den Bruder Anton gemeint. Dessen vollen Namen wollte ich nicht ausschreiben, weil ich früher einen heftigen Streit mit ihm gehabt habe!«

»Kann es nicht doch sein«, wandte der Vorsitzende jetzt ein, »dass Sie mit der Abkürzung ›Br.‹ eine ›Browning‹ gemeint haben?«

»Nein, auf keinen Fall, das habe ich nicht im Sinn gehabt! Nein, nein, bestimmt nicht! Später habe ich Wilhelm allerdings gebeten, mir eine Pistole zu verkaufen, weil ich mich von den Verwandten des Ehemannes von Frau Laux bedroht fühlte!«

Die Vorgänge in der Mordnacht beschrieb Surges ähnlich wie die beiden anderen Angeklagten. Nur in einem wesentlichen Punkt brachte er eine erhebliche Abweichung, indem er darauf bestand, dass die Tasche mit dem geraubten Geld Anton Weiler gehabt habe. Er, Surges, hätte sie ihm nicht gegeben. Diese Aussage bestritten die Brüder Weiler allerdings aufs heftigste.

Als Surges spät in der Nacht nach Hause gekommen sei, habe die Frau Laux ihn gefragt, was mit ihm los sei. Er habe ganz verstört ausgesehen. Später habe es noch an der Tür geklopft. Vor der Tür hätten die Weiler-Brüder gestanden und nach einer Bürste gefragt, mit der sie ihre verschmutzten Kleider säubern wollten.

Als kurz darauf der Mann von Frau Laux aus dem Gefängnis entlassen wurde und wieder in Mayen erschien, verließen Surges und Frau Laux die Stadt.

Nun fragte der Staatsanwalt den Angeklagten Surges: »War es nicht geplant, später das Haus des Opfers nochmals gemeinsam aufzusuchen, die Leiche in die angrenzende Scheune zu schleppen und diese zur Verwischung der Tatspuren anzuzünden?«

»Dieser Plan hat tatsächlich existiert!«, räumte Surges ein. »Er stammte von Wilhelm Weiler. Aber wir haben ihn dann doch nicht verwirklicht!«

»Das stimmt doch gar nicht, das ist doch gelogen!«, rief Wilhelm Weiler jetzt laut in den Gerichtssaal. »Dieser Plan war nicht von mir!«

So weit die Aussagen der Angeklagten.

Dann wurden noch einige Zeugen vernommen. Unter anderem der Steinarbeiter Nikolaus Weiler aus Plaidt, der übrigens nicht mit den angeklagten Weiler-Brüdern verwandt war. Nikolaus Weiler erklärte, dass er Surges aus dem Gefängnis kenne. Sehr häufig habe dieser ihn gefragt, ob er ihm eine Pistole beschaffen könne.

Mit dieser Behauptung stand der Zeuge allerdings im Widerspruch zu einer früher gemachten Aussage. Damals hatte er angegeben, dass Surges zwei Tage vor dem Mord zu ihm gekommen sei, um ihn nochmals nach einer Pistole zu fragen. Damals habe er Surges gefragt, wozu er die Waffe benötige. Dieser habe erwidert: »Das wirst du in den nächsten Tagen schon hören. Ich muss eine Pistole haben, und wenn ich sie noch so teuer bezahlen muss!«

Drei Tage später habe er in der Zeitung von der Waldescher Mordtat gelesen. Sofort sei ihm die Erinnerung an Surges gekommen.

Frau Laux, ebenfalls vor das Gericht geladen, verweigerte die Aussage. »Ich bin zwischenzeitlich von meinem Mann geschieden worden und jetzt mit Herrn Surges verlobt!«, war ihre Begründung. »Daher kann ich die Aussage verweigern. Hiervon mache ich natürlich Gebrauch!«

Nach den Zeugenaussagen kamen die Sachverständigen zu Wort.

Unter anderem Dr. Webering, seinerzeit Kreisarzt in Mayen. Er hatte die Obduktion der Leiche vorgenommen. Er sagte, er habe drei Ein- und ebenso viele Ausschussstellen an dem Toten vorgefunden.

»Zwei Schüsse sind unterhalb des rechten Schlüsselbeins eingedrungen. Sie haben den Körper zur linken Brustseite durchschlagen. Dabei sind lebenswichtige innere Organe zerstört worden. Die Geschosse sind oberhalb der linken Hüfte wieder ausgetreten. Der dritte Schuss hat den Herzbeutel, die Herzkammer, das Bauchfell, Zwerchfell und die Leber durchschlagen. Alle drei Schüsse waren tödlich. Der letzte Schuss muss aufgrund der Untersuchungen aus nächster Nähe erfolgt sein!«

Und Dr. Recktenwald von der Provinzialanstalt in Bonn gab nun ein Beobachtungsgutachten über den Geisteszustand von Wilhelm Weiler ab: »Sechs Wochen habe ich den Angeklagten unter meiner Aufsicht in der Nervenanstalt Bonn gehabt. Ich komme daher zu dem Ergebnis, dass Weiler erblich vorbelastet ist. Geisteskrankheit wurde in der Familie häufig festgestellt. Eine Schwester hat sich in diesem Zustand das Leben genommen. Eine andere Schwester des Angeklagten ist auf ungeklärte Weise auf den Bahnschienen zu Tode gekommen. Schon in jungen Jahren neigte Weiler zu Affekthandlungen. Darüber hinaus leidet der Angeklagte unter einer latenten Syphilis. Ich gehe davon aus, dass diese offenbar lange unbemerkt gebliebene Krankheit ein jetzt vorhandenes Herzleiden hervorgerufen hat. Die

Anwendung des Paragraphen 51 zum Schutz des Angeklagten bei der Strafzumessung halte ich allerdings nicht für angebracht!«

Zu derselben Schlussfolgerung kam anschließend der Gefängnisarzt Dr. Eich in seinen Ausführungen über den Angeklagten Anton Weiler. Nach einer zehnminütigen Unterbrechung der Verhandlung kam dann der Oberstaatsanwalt zu Wort:

»Die Angeklagten rechneten ganz einfach mit dem Widerstand des Opfers, dem sie mit der Waffe begegnen wollten. Typisch war die Tatsache, dass sie nach der Tat nochmals in das Mordhaus zurückkehrten, wo sie den Toten fanden. Trotz des grausamen Anblicks ergriffen sie nicht etwa die Flucht! Nein, sie durchsuchten ohne Skrupel das Haus nach Geld. Raubmord kommt nach meiner Rechtsauffassung hier jedoch nicht in Frage, und das kann ich folgendermaßen begründen: Im juristischen Sinne gibt es keinen Raubmord. Es gibt zwar Raub und Mord, aber Raub ist eine besondere Art des Diebstahls. Stehlen heißt, einem anderen etwas widerrechtlich wegnehmen. Nur einem lebenden Menschen kann man etwas wegnehmen, nicht aber einem Toten. Da die Erben an dem Vermögen des Opfers noch kein Gewahrsamsrecht hatten, war auch hier Diebstahl nicht möglich. Somit muss die Wegnahme des Geldes als Unterschlagung gewertet werden. Was die Mordfrage anbetrifft, so steht fest, dass Anton Weiler geschossen hat. Hätte er die Tat mit Überlegung ausgeführt, wäre das eindeutig als Mord zu bewerten. Das halte ich aber für ausgeschlossen. Die gesamte Situation hat das nicht zugelassen. Die Täter waren vielmehr überrascht, als Degen plötzlich vor ihnen stand und auf sie einschlug. Daraufhin schoss Anton Weiler. In diesem Fall sehe ich sehr wohl die Voraussetzungen des Paragraphen 214 Strafgesetzbuch gegeben. Die ganze Sache ist wohl so vorbereitet gewesen, dass die beiden anderen Angeklagten wussten, dass bei einem Widerstand geschossen werden sollte. Warum sollte denn dann auch eine Waffe mitgeführt werden? Ich halte aus diesem Grund die drei Angeklagten einer Tötung nach den gesetzlichen Vorgaben des Strafgesetzbuches für überführt. Hier ist eine Mindeststrafe von 10 Jahren vorgegeben.

Für Anton Weiler beantrage ich eine Zuchthausstrafe von 12 Jahren. Für die Unterschlagung fordere ich eine Gefängnisstrafe von einem Jahr und acht Monaten. Die Strafen bitte ich zusammenzufassen zu einer Gesamtstrafe von 12 Jahren und 6 Monaten Zuchthaus!«

Für Wilhelm Weiler und Adolf Surges wurde je eine Gesamtzuchthausstrafe von 10 Jahren und 6 Monaten und für alle drei Angeklagten die Aberkennung der bürgerlichen Ehrenrechte für die Dauer von 10 Jahren gefordert. Die Zeit der Untersuchungshaft sollte bei allen auf die Gesamtstrafe angerechnet werden.

Diese Argumentation und Beweisführung ließ wenig Spielraum für die Verteidigung zu.

Alles schien so eindeutig und klar, dass die Verteidiger das Gefühl hatten, auf verlorenem Posten zu kämpfen. So plädierten sie auf einfachen Totschlag, für den eine Mindeststrafe von fünf Jahren vorgesehen war. Aber die Argumentation wirkte schwach und wenig glaubwürdig.

Die letzten Worte hatten die Angeklagten: »Ich bitte das Gericht um Milde. Ich habe den Mann nicht töten wollen!«, waren die einzigen Worte von Anton Weiler. Wilhelm Weiler stellte seine Notlage und seinen krankhaften Zustand heraus, um Nachsicht beim Gericht zu erlangen. Adolf Surges verwies auf sein Verhältnis zur Frau Laux und die damit selbst geschaffene Notlage. Auch er nahm die Gelegenheit wahr und bat um ein mildes Urteil.

Das Gericht zog sich zur Beratung zurück und kehrte nach 45 Minuten in den Gerichtssaal zurück. Der Vorsitzende sprach folgendes Urteil: »Anton Weiler wird zu 12 Jahren und 6 Monaten Zuchthaus, Wilhelm Weiler zu 10 Jahren und 6 Monaten Zuchthaus und Adolf Surges zu 11 Jahren und 6 Monaten Zuchthaus verurteilt!«

Während der Urteilsverkündigung kam es zu einem Zwischenfall im Gerichtssaal. Anton Weiler brach plötzlich zusammen. Nach kurzer Zeit erholte er sich allerdings wieder und durfte der folgenden Urteilsbegründung im Sitzen folgen. Er war weiß im Gesicht und folgte den Worten des Richters nur teilnahmslos.

Die Verhandlung endete gegen viertel nach drei nachmittags.

IMPRESSUM

Hans-Peter Pracht
Eifeler Böse-Nacht-Geschichten

2. Auflage 2022

Gestaltung und Satz: Björn Pollmeyer
Titelbild: © iStock / dr_evil

Gedruckt in der Europäischen Union, bookpress.eu, PL

www.eifelbildverlag.de

ISBN 978-3-946328-58-2